中研院
近代史研究所
口述历史系列

张法乾先生访问纪录

访问：张朋园
纪录：郑丽榕

九州出版社
JIUZHOUPRESS
全国百佳图书出版单位

图书在版编目（CIP）数据

张法乾先生访问纪录 / 张朋园访问；郑丽榕纪录.
-- 北京：九州出版社，2012.3
（中研院近代史研究所口述历史系列）
ISBN 978-7-5108-1348-1

Ⅰ. ①张… Ⅱ. ①张… ②郑… Ⅲ. ①张法乾（1909～2002）－生平事迹 Ⅳ. ①K825.2

中国版本图书馆CIP数据核字(2011)第277335号

张法乾先生访问纪录

作　　者	张朋园 访问　郑丽榕 纪录
出版发行	九州出版社
出 版 人	徐尚定
地　　址	北京市西城区阜外大街甲 35 号（100037）
发行电话	(010)68992190/2/3/5/6
网　　址	www.jiuzhoupress.com
电子信箱	jiuzhou@jiuzhoupress.com
印　　刷	三河市东方印刷有限公司
开　　本	680 毫米 ×970 毫米　16 开
印　　张	8.75
字　　数	76 千字
版　　次	2012 年 3 月第 1 版
印　　次	2012 年 3 月第 1 次印刷
书　　号	ISBN 978-7-5108-1348-1
定　　价	25.00 元

出版说明

台湾中研院近代史所，从建所至今，几十年来共采写和出版了二百余种“口述历史”。近代史所的学者制定了严格的口述史操作规范，并进行采访和撰写，使类似史料层面的“回忆录”和“纪实”，上升为可供专业人员研究的“口述历史”。他们的访问对象涉及当代军事、政治、经济、文化等各方面的重要人士，请其自述生平，为现代史研究留下了一系列珍贵的口述记录。

九州出版社“中研院近代史研究所口述历史系列”，是上述二百余种“口述历史”的精选集，也是海峡两岸出版交流中心的重点引进出版项目。本系列以简体字出版，对原书注文体例和文字错误进行了必要的订正。原版本的丛书弁言和前言，介绍了该丛书的缘起、价值和意义等情况，简体版将其主要内容附于书前。

该书访谈对象的某些政治立场、观点和看法，我们并不认同，但为了保留史料，便于参考研究，在编辑过程中，我们对文中对我党我军的诬蔑性语句和称谓进行了中性处理，内容仍保留原貌；个别之处，有所节略；对于文中一九四九年十月一日以后使用的“民国”纪年，改为公元纪年；对于文中一九四九年十月一日以后的台湾当局及相关机构、职务等，加以引号。本系列图书供近现代史专业读者参考使用，望读者在阅读时注意辨析书中的一些内容。

九州出版社

2011 年 6 月

张法乾先生（一九八六年摄于台北）

张法乾先生（前左一）就读日本陆军士官学校入伍时，与骑兵廿四联队教育班长及同学合影（一九二九年摄）

张法乾先生（前左二）在日本士官学校骑兵廿四联骑马受伤住院时摄

一九三七年，南京保卫战，张法乾先生担任宪兵特务营营长

一九四五年，张法乾先生（中）担任天津受降前进指挥所主任，与九十四军军长牟廷芳（右）在天津欢迎美国海军陆战队第一师师长 G. Woods（右）

一九四五年十一月十八日，谷正纲先生（前排右二）、贺衷寒先生（前排右三）至天津慰劳部队，与九十四军军长牟廷芳（前排左一）及张法乾先生（前排右一）等合影

一九四五年，九十四军接收天津时，何应钦总司令与天津市长张廷谔至津视察，与张法乾先生（前排右八）等合摄于张园

张法乾先生（右）与谷正纲先生（左）合影

张法乾先生（右）在何应钦先生九十大寿时合影

一九八九年七月旅台贵州同乡会欢送理事长张法乾（前排右七）时留影

张法乾先生全家福（一九八七年摄）

张法乾先生全家福（一九九一年摄）

弁　言

口述历史访问计划，中研院近代史研究所在筹备时期，即由筹备主任（嗣任首任所长）郭廷以拟订进行，其目的在访问当代军事、政治、外交、文教、经济、社会等各方面的重要人物，请其自述生平，为现代史保留忠实而深入的纪录，以备历史学者之研究。自一九五九年十月起迄一九七二年九月止，参加访问工作者先后有沈云龙、王聿均等二十二人，接受访问者七十余人，成稿六十六份，约四百八十万言。

口述历史资料，其重要性不亚于文献档案。民国以还，内乱外患交迭相乘，史料损失，不可胜计。对历史真相的了解，需要参证当事人口述之处甚多，这些笔录，对中国现代史的研究将有莫大的帮助。本所于一九八二年开始征得应访者（或其家属）同意，陆续刊印访问纪录，列为口述历史丛书。一九八四年春在所长吕实强推动下，成立口述历史组，恢复访问工作。

本所访问人员力求应访者尽情畅谈，所成笔录文稿保留口述原意，不予刻意修饰。初稿送应访者校订后视为定稿。惟应访者记忆难免有所疏误，或有涉及价值判断、个人恩怨、政治立场，而纪录或语意不清，印刷或有手民误植，尚祈读者赐函指正。

中研院近代史研究所口述历史组　谨识

一九八六年元月

目　录

时　间：一九八八年十二月至一九八九年五月

地　点：台北市民生东路张公馆

次　数：十次

访问者：张朋园

纪录整理：郑丽榕

一、学经历简介

我是贵州安顺人，生于辛亥年（一九一一）闰六月二十一日。幼时进私塾，民国十三年入天津汇文小学，次年就读南开中学。民国十七年赴日，先进成城高等军政科，再进陆军士官学校二三期骑兵科。回国以后，续在宪兵军官讲习所一期、中央军校高级班四期、陆军大学特别班第六期、中央军官训练团第一期进修。来台后，入阳明山革命实践研究院二十一期结业。

经历方面，民国二十年由日返国，跟随何敬公（应钦）当上尉连长。后调到宪兵训练所担任少校教官兼骑兵队长，再升为特务中校营长。然后回到贵州防空司令部及军管区当中校科长、防护团团长、骑兵大队长及特务团团长、二百师上校师附。陆大毕业后，任战车员兵整补处少将副处长、黔东南战地收容司令部代司令、都独警备代司令、九十四军参谋长、国防部专员副处长、贵州保安司令部参谋长兼副司令、绥靖公署参谋长。

二、家世与童年生活

我家原籍江南应天府，明洪武年间，先人因苗乱随军南征抵贵州，定居于安顺。目前贵州许多住民，也都是军人后裔。

家父讳维森，字文屏，为前清武举，民初改行经商，从事烟草及纱布生意，因经营得法，事业十分顺利，到我出生时，在地方上已算殷实人家，拥有不少田地房产。家父于经商之余，热心公益事业，曾创办及参加地方上的红十字会、商会、冬令救济会、贫民习艺所等组织，深受乡里敬重。

家母虔诚礼佛，虽未受过教育，却能流利背诵《金刚经》等佛典，家中并养有二三十人专门料理佛事。母亲常到寺庙参拜，是以花费甚大，但父亲未曾表示异议。

父母各有所好，虽亦注重子女教育，却难得有时间亲自管教，我们兄弟姊妹五男二女出生后，都交由乳娘看护。

我在家中排行老四，为次男。五弟小我一岁，他一二岁时曾发高烧，大概是出麻疹，病况严重，家人以为他夭折了，叫人送到城外岩石上。不料未死，有一苗人经过，听到哭声，拾回去养。消息传回家来，经派人与苗人商量抱回，却未谈成，所以至今我仍有一个苗子弟弟。

三四岁起，佣人常带我看川戏，历史人物关公、岳武穆留给我深刻印象，而另一方面各地军阀割据，贵州战事频仍，也令年幼的我向往军人生涯。

我小时候十分顽皮，虽然家父关心我们的教育，聘请一位老师，在家中设了私塾，但我对旧式背诵教育极感厌烦，因个性开放，不愿受拘束，天天逃学。

父亲交游广阔，所以接触的人士也十分复杂，家中常有电报局长、县长、公司老板出入打牌。我八岁起就曾被唤去帮人打麻将。在我刚进中学时，曾发生过一件事情令父亲极为震怒。我请英文老师外出游山，在山上打了一夜麻将，次日父亲率人寻到，大发雷霆，责打一顿。

民国十二年，我年龄尚轻，却已有计划远行，与云南亚细亚火油公司的马帮商量好，准备随他们返滇之便前往昆明。我偷了家父二百块大洋藏在厕所中，等待天明时要逃跑。没想到天未亮，母亲来喊我一同到庙里去敬神，我只得同行。翌日家父发现少了两百块大洋，询问家人而无结果，等到我由庙里返家，事情水落石出，我也去不成云南了。

次年春天，同乡士绅力劝父亲放我外出，让我自由发展。家父原先反对，经反复劝说，才同意我与乡人黄国桢同赴北方念书，这是民国十三年的事。当时黄国桢就读北平朝阳大学，暑假返乡。

三、北上天津求学

（1）九十余天长途跋涉

我们于十三年七、八月由安顺出发。沿途盗匪如毛，地方不靖。我坐滑杆（由双人抬）先至贵州省城贵阳，再随同四川老军人、老革命党员熊克武的部队到湖南，他们保鸦片帮到湘省。走到贵州边境铜仁时，已费时十八日。再由铜仁搭小木船到常德，换小火轮抵达汉口。时正逢北方军阀吴佩孚、张作霖、孙传芳混战，在汉口耽误了约二十天。然后坐船到南京，等因战事而停驶的津浦路火车重开，然后到达天津。这段长途跋涉，从西南到华北，共费九十余天，抵目的地时已届十一月。

（2）在汇文小学与南开中学

在我心目中，中国著名的中学有三：上海南洋中学、北京清华中学、天津南开中学，是全国士子向往之地。我到了天津，也最想进南开。但因已是十一月间，学期早已开始，故暂时插班先进汇文小学，这是所教会学校。

在汇文有两件事记忆深刻：第一件是国父孙中山先生北上到天津，小学生曾在码头欢迎，我也在其中。第二件为南开中学学生来自各地，但是汇文小学则多招收天津附近北方人，独我一个贵州人，一位山东同学喊我“贵州苗子”，我打了他，从此以后，同学不再叫我苗子，改口叫“大贵州”。

在天津时甚为孤独，也突然开窍了，晓得用功读书，次年参加南开入学考试遂顺利考取。记得当时考生甚众，除了各省学子外，来自朝鲜、日本、美国的侨生也不少，共有两三千人。但只录取二百多名，我幸而上榜。

（3）加入中国国民党

进南开中学后，特别发奋用功。一年级时，国文老师苏逢仙看我的作文，觉得我思路清楚，对时事的了解也还不错，于是开始引导我，秘密陆续拿了三民主义有关书籍给我阅读。这些书在军阀时代是禁书，抓到要砍头。经过一二个月，苏老师介绍我加入中国国民党。

当时国民党在北方被视为叛党，苏逢仙为天津组织的负责人，秘密吸收党员。我入党的党证为津特字〇〇〇三号，表示我是苏老师第三个吸收的人，另外两人一个是工人，一个则是学生。入党宣誓选在夜晚，地点是青年会地下室，同时颁发党证。此后不定期召开小组会议。党员完全依照规定过组织生活，所以参加小组会议亦须分担工作。年轻的我，开会时常做时事分析或社调报告。除苏逢仙老师外，我的另一位入党介绍人为黄国桢，他也是老国民党员。

入党后我开始关心时局，渐对革命有所认识，并有了国家民族的观念，尤其了解到军阀与帝国主义对国家之害，深以天津有许多外国租界为耻。

但南开校长张伯苓却再三告诫我们：读书时期不要参加政治活动，因为是军阀时代，不允许学生请愿游行。他不喜欢我们看《三民主义》之类书籍，当然，也禁止少数共产党员在校内活动。张校长的口号是："读书就是救国"，我们认为他太顽固了。事后，才了解校长的伟大。他终身以服务教育为宗旨，自不希望因为学生参加政治活动而影响学校的教育进行，颇寓百年树人之意。北伐成功后，蒋委员长请他出任国民参政会副议长，他才接受了。

民国十五年暑假，我在校补习两月，修毕初二全部课程，跳级考上初三，这恐怕是南开中学前所未有之事，甚为不易。因初二几何教材用英文本子，不下苦功无法领略。

（4）参加龙潭战役

民国十五年北伐开始，我认为革命第一阶段为军事时期，故渴望投笔从戎。民国十六年夏天，北伐军到了南京，我听到消息，正好利用暑假南下，想寻机会从军。到南京后遇到贵州同乡刘汉珍，他是黄埔军校一期毕业，幼时曾在我家读私塾。此人文武全才，颇得何敬公赏识，当时他任东路军十四师四十二团上校团长。我向他表明进军校的心愿，他不同意，认为南开很好，希望我在科学方面多努力用功。但我心意甚坚，留在刘军中，一同由镇江到了高资，正在龙潭附近。

军队开到高资次日，突闻长江炮声隆隆，才知日军掩护孙传芳部过江，与我北伐军正在激战。刘汉珍一团奉命开到龙潭增援。我虽然仍是学生，但因同在军中，故因此而参加了龙潭战役。

孙军过江时以大刀队强渡，情势十分危急。刘团副团长赵聪（粤人，也是黄埔一期毕业）率一营人到前线增援。结果不到几个小时，赵阵亡，被孙部砍下了头，孙军数千人全部上岸。我方南京及各地部队拼命增援，何敬公亲在龙潭栖霞山水泥厂坐镇指挥，终于歼灭登岸之敌军。此次战役，令我首尝枪林弹雨滋味，也更坚定了我从军的志向。

时蒋委员长已下野赴日，中央各部队暂由何敬公代理指挥，南京方面驻有广西的第七军。龙潭战役结束后，军校一期同学恐局势恶劣影响北伐，遂派代表找刘汉珍，转请何老师（应钦）领衔电日本，恭请校长（蒋中正）从速返国领导北伐。何敬公以为校长下野方及数月，若马上请他返国，时机及当时局势不宜，故暂留置未发，另由他人发出。听说蒋委员长由日返国视事后，对何敬公未曾发电一事，颇有误会。

四、只身东渡考取日本陆军士官学校

（1）曲折的旅程

龙潭战役后，我仍一心向往从军，但因刘汉珍坚决反对，被迫回到天津继续学业。到民国十七年暑假，我决心不顾一切完成心愿，因此再度南下到京，找到已升为旅长的刘汉珍，重谈我的志向。刘仍反对如故，未予支持，因此我自行前往上海，计划东渡学习军事。

我向一位旅沪经商的邓姓同乡借了两百块大洋，写了借据，由家人清还。然后自己到中国旅行社购买船票，而搭上了上海丸，当时中日航线另一轮船为长崎丸。

船渐渐开出吴淞口，突然，船上乘客鱼贯而出，排出长列，我不谙日语，经请教同船另一位留学生龚成毅，才知人群正要接受证件检查。龚为湖南人，就读日本明治大学，趁暑假返国，搭上海丸要回日本。我不知道要检查什么，及至获知要有护照或留学证书，一下子愣住了，因为我糊里糊涂上船来，什么证件也没有，而中国旅行社大约也以为我年纪小，故未曾提醒我准备。当时昭和天皇登基未久，旅客身份检查十分严格，我央求龚帮忙，但对方亦无法可施。

日本宪兵依序盘诘，我一躲再躲，至非接受检查不可时，连龚也怕麻烦而躲开。我面对日本宪兵，逼急了就将随身所带南开中学信纸、信封、课本给他看，想证明我是学生，但是无济于事。终于宪兵在我船票上划了一个符号，我问茶房何意，他说不准我上岸，抵达日本后仍需搭原船折回上海。我十分着急，在船上如坐针毡。

船过太平洋，我灵机一动，将行李箱托给龚成毅，希望他带往东京中华青年会寄放；我则趁机跳船，若无机可乘，箱子先带走也无妨。

船抵长崎，旅客都下船了，我穿着西装在甲板上走动。警察虽知我不准上岸，但或许因为我手上没提东西，一时疏忽，我乘机跳船，挤上一班开往车站的公车。到了车站，找了个红帽子（协助搬运行李之工人），给他一些日币，在纸上写“东京”二字，就顺利上了火车。我以为脱逃成功，心情非常开朗，从手提袋内取出《郁达夫日记》来看。

车由长崎到达门司（下关）时，慢慢觉得背后有人一直看我，转头一望，这人来到身边和我说话，说什么我也不懂，拿出证件始知是便衣警察。他又写了汉字给我看："护照"、"留学证书"，我都说没有。如此耽搁了一二分钟，恰好车铃一响，火车重新要开动了，他就拉我，要我下车，我挣扎着硬不下车，警察只好走了。

我心里好难过，想到若中途给拖下去可怎么办。正在着急，车到神户，又上来一个警察，和我纠缠很久。我紧抓住座椅抗拒，车上日本人都惊讶地看着，不晓得发生了什么事。他拉不动我，火车也开了。

我心情非常不安，因而在火车上四处晃。走到餐车，坐了下来，点了东西。但因不懂日文，叫了一些生鱼片之类不能吃，只有咖啡敢喝。吃了十来分钟，我突然想到："吃饭的地方恐怕警察不会来吧。"因此我就不离开餐车了，一直叫咖啡、汽水，就这么吃到东京，果然没有警察来。

（2）进陆军士官学校前的生活

到东京后，先赴中华青年会取到行李，然后问到一位贵州安顺同乡胡星伯，他在日本进工业大学（后来我在贵州绥靖公署时，他担任安顺县党部书记长）。到胡星伯大冈山居处按铃后，久久没人开门。好不容易有人出来了，用日本话问我，我也听不懂，但看那样子像中国人，我就用中国话说："我找胡先生。"他问："你找胡先生做什么？"经过说明，才让我进门。原来他就是胡星伯。事后才知他与当地一书局老板之女相恋，为老板所反对，两次争吵，先是女友逃跑被抓了回去，禁闭起来。放出来后，两人私奔，躲了一个多礼拜，昨天刚刚回来，因此迟迟开门，还以为我是女方派来的人呢。

胡星伯将我安顿在日本人家里学日文。当地派出所次日就来找麻烦——查户口，要看护照、留学证，这些我都没有。赶紧找胡星伯担保，一个礼拜内补办手续。当然，另一方面，投考士官学校也要人保送，因此想到谷正伦，他当时任职南京宪兵及卫戍司令，同我父亲交谊不错。胡星伯打了电报给他，转请军事委员会保送，一周后回电果然来了。

我在日本人家里学习日文三四个月，再进入成城高等军政科一年，接受政治军事教育。十八年再考取陆军士官学校二十三期骑兵科。考试的科目有日文、第二外国语、数学、几何，许多人屡试不中，我很侥幸只考一次就被录取了。

（3）陆军士官学校

日本是个实施军国民教育的国家，而陆军士官学校正为武士道精神的中心，社会上一般人对士官生都十分尊敬，毕业典礼时天皇也亲自参加，颁授证书，所以士官学校的训练非常严格。没进过士官受训的军事干部，绝对无法升到中上阶级，至多当到上尉。而士官毕业者，则可升至少将，担任师团长；至于少将以上之军人，一定要进过陆军大学。

他们对于年龄区别甚严：高中毕业生年满廿岁者参加士官学校入学考，考取后分发部队，从上等兵当起，再升为下士、中士，八个月后回到学校受正式教育，二十三岁左右毕业，担任准尉见习官，约五至八年后升为校官，升为上校时已四五十岁。

我们中国就非如此，像黄埔一期生，只受了五六个月训练，所以后来委员长送他们到日本进修，怕给日本人当笑话，规定上、中校通通改为挂中尉领章，进各兵科学校。

士官学校分为步、骑、炮、工、辎各科，中国学生原本与日本人一同上课，后来日人以后勤（即辎重）为机密，故将中国学生单独成立中华学生队，同时辎重兵科亦不招收中国学生，但其他上课方式则没有差异。

考取士官学校后，我被派到盛冈县骑兵二十四联队入伍，至今仍保存着当时的照片。在此之前，我毫无骑马经验，大马难骑，而军事训练又十分严格：天天清晨五点钟起床刷马，再吃早餐，接着演习。骑了半个多月，意外发生了，我由山上摔下，左手骨折，一下子起不来。日本班长以马鞭打我，我还是起不来。没有办法，送到医院，才知骨折了。那时军医开刀不用麻醉，由两个人拉着我，把折断的骨扳过来，住了大概一个多月。在医院也看到另一个学生跌断腿骨，开刀时痛得嘶叫，父母在外面等，手术完已死了。这都可证明日本军事训练非常严格。我在联队中由上等兵升下士，再升中士，八个月后回到士官学校。

联队训练期满返校后，士官生所受的教育全以作战为主，每天都有野外演习。

士官学校一般生活和我们差不多，特别的是他们比较注重机会教育，时时刻刻不忘培养学生军人武德。例如尚在联队时，每天中午一定要与联队长在偕行社（军官俱乐部）共餐，利用吃饭时间，使学生受到军事干部各种熏陶。返校受教育后，也须与队长一同用餐。我们中国学生则同中华学生队队长在一起，同时吃饭时顺便报告重要事情。此外，礼拜天上午八时至下午五时间准许外出，外出前要严格检查仪表，服装、皮鞋通通要弄干净，合乎标准才准外出。生活极其严谨、规律，衣服上四个口袋所装物品也有规定。至于晚上睡觉时，袜子、裤子、衬衫所放位置，排列顺序，也都有定制，以备紧急集合时易于取用。

关于日人的军国民教育，我曾住在日人家庭，亲睹其国民军事化的生活习惯。我们常喊这类口号，却光说不练，日本人倒真彻底执行，由小做起。例如，他们从小起，凡是外出前一定要大声说："我现在要出去了！"归来后一开门，又大声说："我现在回来了"，这是一种规律生活养成。依今天民主社会的标准来看，或许不同意日本人的军国民教育，以为是帝国主义侵略作风，但我觉得，在一般人民行为规范上，这些规律的教育很好。

有人问我："日本长期侵略我们，我们的军事却大部分学习日本，像保定军校完全仿行日本军事教育，而民初大多数军事干部亦多留学日本，自抗战前些年起，才设了德国教官。日本军校为何要招收中国学生、培养中国军人？"

我以为这是日本的深谋远虑，但最后却适得其反。日本的侵华动机并非始于田中奏折，可能早在明治维新初期即存有此心，因为中国幅员广大，人口众多，日本力量才刚起步，无力并吞中国；但日俄战争后，日本战胜而加强了侵华野心，既无法鲸吞，就采蚕食主义，其军校招收中国学生，即为蚕食的方式之一，目的在培养亲日派，训练时并时时鼓励中国军人个人英雄思想，以制造中国的分裂。

不料中国人的民族心并不是那么易于消灭的，以我们那一期八十余位中国同学而言，后来成为汉奸的只有二三人，多数人返国后成为抗日分子，可见日本是收到了反效果。蒋中正先生是士官学校第十期备补生学生，不过实际上他并未接受士官学校的教育，只在炮兵联队接受入伍训练就回国了。张群和蒋先生同期，何应钦为十一期，他们都是反日的。

（4）在日生活拾趣

日本民族模仿能力非常之强，西方每有新科技出现，即能立刻学习。尤其对我们中国文化，自唐朝起就极力吸收。难能可贵的是：他们能撷精取要，筛除其中缺陷，而成为自己文化的部分。

民国十七年我刚到日本，最初住在大冈乡下补习日文，苦读之余，每逢假日总要休闲娱乐一下。过去在学校我是篮球校队，来日本后也喜欢每周到青年会打篮球。有一天由青年会出来，看到对面新开张一店，招牌上写着“神田麻将俱乐部”。我们几位球友都对麻将非常熟悉，于是进店一探究竟。店中陈设很好，椅子、桌子、麻将都用苏州设备，而苏州麻将是很有名的。日本引进中国麻将，并且将其艺术化，例如神田俱乐部主持人即为名文学家菊池宽，文人雅士参加麻将活动，益显得其中的竞智意味。在俱乐部中，只要四人就能凑一桌，互相之间不认识也无妨，只要向服务小姐取来纸条，写好东南西北风是谁，就发给每人筹码，打麻将等于赛球一样。那时的打法是中国十三张老规矩，打完四圈后，服务小姐过来，招待每人一杯咖啡，并结算筹码，登记各人胜负分数。最赢的人一个钱也不出，第二名出一毛钱，第三名出二毛钱，最输的出三毛，共六毛钱给俱乐部开支。

我觉得很有趣，既只是大家玩玩、喝咖啡，又不赌博，所以我每个礼拜打完球就去玩，赢了不少次。

我住在日本人家中，并无亲友来访。有一天女主人突然喊我，说外头有人送来东西。我纳闷是谁，跑出去一看，送来的是一个托盘，上列日用品——毛巾、肥皂、牙膏等，以及一张红单子，写着：神田麻将俱乐部礼单，内附台端某月某日至某月某日止，共来玩了几次麻将，总分赢了多少，按平均百分比，为本期冠军，故特此送来礼物。并附一聘书，以菊池宽名义，请我担任俱乐部的指导员。这真是意想不到的事，非常有趣。麻将在中国向为不登大雅之堂的赌技，日本人却能改革到如此毫无赌博气味，实属难能可贵。

又一次阳历除夕，学校放假，刘伯龙（当时在步校受训）来找我，两个光杆外出玩玩。我们转到一家弹子房，看到正举办“除夕麻将大赛”，刘伯龙邀我参加。我们每人交了八块钱，准备十六个人到齐后开四桌，规则是打十六圈，由晚上九点打到天亮，赢得最多者为冠军。结果我又大胜，得了个很大的冠军银杯，和刘伯龙两人合抱回宿舍。那时留日的同学都知道我是麻将奥林匹克冠军。

当然，麻将不能同围棋相比：围棋全凭脑力、智慧、技术，麻将则一半要靠运气，不是百分之百的技术。

五、抗战前之回忆

（1）返国由连长当起

民国二十年九一八事变之后，我自日本士官学校毕业回国，首先在南京与刘汉珍同去看何应钦先生。那时何先生是军政部部长，刚发表为赣粤闽边区“剿匪”总司令，正准备到江西去。何先生问我年龄，我说二十一岁，何先生认为我太年轻，要我当连长。本来按规定年满二十岁，始能考士官学校，而我却十八岁进了士官。当时士官生返国起码当团、营长，何先生怕我不愿意，安慰我说：“你不要以为连长小喔，连是军中最基层战斗单位，作战训练、人事等能够做好，以后各级部队长都能胜任。”于是我担任特务连连长，负责警卫勤务。

次年一·二八事变发生，国府迁都洛阳，何先生调我到洛阳担任国民政府及各院部警卫，我在洛阳西宫住了差不多四五个月。

（2）在江西“剿共”总部

民国二十一年五月间，我由洛阳转到江西“剿匪”总部。当时中央致力“剿共”，但全国各地尚未统一，经何敬公之力，西南各省也派部队参加“剿共”，例如四川刘湘派了四十九师来，师长为张英。有一天张英师长来总部向何敬公报告，说陈诚第十八军要缴他的械，何敬公不以为然，要张英不可随便乱说。张英坚持他的情报来源正确，何先生要他回去，说一切由他负责。张师长回去的第三日，果然四十九师被十八军缴械，何敬公知情后率同张英搭乘火车返回南京。

二三个月后，南昌“剿匪”总部改为行营，由江西省主席熊式辉兼主任。我们也收到军事委员会的行文：“十八军军长陈诚擅自收编友军部队，目无法纪。姑念该员北伐以来作战有功，着即革职留任，待罪图功。……”

由此可以看出何敬公与陈诚以及蒋先生三人间的关系。

我在江西待了两年多，成了家，生了大女儿。除原有任务之外，并负责押运军需至前线。

（3）调任南京宪兵训练所

民国二十三年以后的宪兵，为求加强机动力，官兵需学骑马，特电调我到南京宪兵训练所担任骑兵教官，教导官兵马术，并兼任骑兵队长。当时宪兵以法国、意大利最负盛名，都乘坐马匹，极富机动性，我们仿习其制，新成立骑兵队以为基干。这时宪兵司令部虽曾隶属军政部，实际上都直隶委员长，军政部从不过问。

那时宪兵军官都要接受转科教育，所以举办宪兵军官讲习所，每期两个月，谷司令及各级干部（包括我在内）均参加第一期，讲授科目很多，包括指纹学、国际公法、国际私法、刑法、刑事诉讼法、军刑法、犯罪学、宪法、国际礼仪等等，所有教授都是一时之选。第一期结束后测验，以我成绩为最优，大家给我起个外号，叫“大学生”。

（4）宪兵特务营营长

民国二十五年，我担任宪兵特务营营长。特务营为司令部直属部队，包括一个骑兵队、一个装甲车队、一个炮兵队以及首都各区宪兵队，担任各特种勤务。在我任骑兵队长时，恰逢石青阳、朱培德之国葬大典，我奉派担任仪仗队总指挥官。

我任特务营长期间，发生西安事变。当时我正在军校高等教育班受训，委员长由西安历险归来那日，全民欢腾，军校学生亦组织了舞龙队伍到官邸祝贺，由我耍龙头，因为幼时在安顺我就对此道颇为喜爱。

六、抗战点滴

（1）南京保卫战

民国二十六年七七事变爆发，接着是八一三上海事变，南京也遭到第一次空袭，情况甚为紧张。九月间召开最高军事会议，由蒋委员长主持，会议主题为：“首都是否要保卫或放弃”。据悉当时参加的都是高级将领，无人敢发言，沉默许久，唐生智突然开腔，认为首都为国府及国父陵墓所在地，国际关注，不能随便放弃。委员长不方便予以驳斥，垂询众人又无回响，最后委员长说：“既然孟潇有这个意见，那我们就守南京。只是由哪一位来负责呢？”当然也无人回应。唐生智乃自告奋勇，委员长欣然同意，并说：“需要什么部队？由你点好了。”唐于是点了第三十六师宋希濂、第八十八师孙元良、教导总队桂永清、宪兵第二团罗友胜、宪兵教导团李楚藩，以及宪兵特务营张法乾。

名单宣布后，宪兵同仁向我打趣说："恭喜！你中奖了！"宪兵司令部奉命迁移后方，照规定特务营直属司令部应随之迁移，却被点上参加保卫南京。我与唐生智素昧平生，不知为何选我，可能与其参谋长陈用潜为我同学有关，或许唐也希望留下一个特种部队。不过后来因缘际会，唐生智正巧被我的副官救离南京。

当时日军逼近南京，正合围前进，而三十六师、八十八师正由汉口整补后向南京开发中，本营先在雨花台一带担任防务，后转到国府大楼驻防。到十一月底十二月初，防空设备早已撤走了，已经没有警报系统，日机天天轰炸，情况渐趋紧张，骑兵队及装甲车队都无法活动。

约十一月底，南京市长马超俊及秘书长王漱芳突然来国民政府看我，他们奉命赴汉口，国府及各院部留守主任由我代理。我吓了一跳，认为责任重大，正感惶恐，他即用国府主席信笺亲笔写下："国民政府暨各院部留守主任着由宪兵特务营长张法乾全权代理。南京市长兼留守主任马超俊、秘书长王漱芳"。此一文件颇富历史意义，可惜后来遗落在昆明谊安大厦。

后来王漱芳还给我一张难民证，以备城陷后不时之需。在南京保卫战之前，经外交使节团同日方协调，于金陵大学附近设一难民区，以备各国侨民及一般百姓在日军入城后有所避难之处。那时我早将家眷由上海送回家乡贵州，也谢了他的好意。

当国民政府决定西迁后，各机关学校、民众纷纷蜂拥西撤，秩序十分混乱，此时有几件重要事项值得补记：（一）发表南京市长马超俊为国民政府暨各院部留守主任；（二）宪兵司令谷正伦病重准赴汉口疗养，司令部各单位撤往长沙；（三）留守南京宪兵部队由参谋长萧山令以代司令名义指挥；（四）前行政院秘书黄浚等汉奸七十二人由宪兵特务营在雨花台执行枪决；（五）所有政治犯一律释放。其中值得追忆者有一共产党员名陈文光，系我小同乡，朝阳大学学生，系共产党员。当其拘留期间，其父央谷正伦尊翁函请开释，谷曾叫我规劝陈，如其能写一自白书，当即释放。哪知陈坚不接受，可见其信仰之坚，然而终于在释放政治犯时获得释放。大陆“沦陷”后，陈改名陈曾固，曾任贵州省副省长，已亡故。

日军入城前数日，代理宪兵司令萧山令忽然来电话找我，命我将骑兵及装甲车带过江到汉口归建，并嘱留在南京的部属，由副营长陈雨森（湖南人）率领。于是我带着骑兵队与装甲车出城。因情况紧急，挹江门等已叠好沙包，车子无法出城，只有马匹勉强可以挤出。结果装甲车队留下，骑兵队出来了。到了下关，无船过江，我派兵找到铁路局留守处主任陈树曦，设法找到两个驳船，始渡江到浦口。陈树曦来台后曾在交通部铁路局服务。我带着骑兵队，由浦口经安徽、河南转抵汉口。

若非骑兵队的关系，我也不会侥幸出城。事后在湖南得知日寇在南京大屠杀的惨况。宪兵方面第二团团长罗友胜及我的副营长陈雨森均遇难，代司令萧山令则以木板渡江，因副官携带银元过重，遂连同卫兵沉入江中。宪兵损失了两个团及一个营。

冯国祥是我特务营第四队的宪兵，南京陷落后两个月到长沙，见了我，谈到日军屠城时的情况。冯当时躲到难民区，日军派部队前往搜索，将许多年轻人集中在新街口，利用汉奸向大众宣布在中国政府当过军人者站在一边，皇军将维持其原有阶级；若不站出来，一经查出，必定枪毙。约有二三百人站出，大多不敢出来。站出者被载到日本宪兵司令部，受到茶点招待，日人说了好听的话，希望大家效忠皇军，并要诸人转告其他尚未出面者。礼遇之后再将他们送回难民区。这群人返回之后，大肆宣传，果然次日重新邀集时，一下子出来了一二千人，用卡车载送到南京江东门监狱，外头有一大广场，以铁丝网将这些人围起来，用木材洋油，将他们全部烧死。冯国祥拼命躲在边上，日本兵用刺刀跺了他两刀，冯伪装已死，骗过日本兵。

眼看几千人就此烧焦，状甚凄惨。挨至夜里，冯爬出，跑到附近一位老太太家，敷了草药，养了很久，才复原回到长沙。

民国三十一年我在重庆进陆军大学，在街上遇到一位上校军官向我敬礼，我一下子愣住，再细看，才知是以前的副官王正才，他原来的阶级是中尉，如今却已是上校了。他邀我到大三元吃饭，谈到民国二十六年底南京陷落的往事。王正才说到，当时情况十分混乱，日军先攻破光华门、通济门，孙元良的部队向挹江门撤退，结果和守军宋希濂的部队因分不清敌我，自已人打了起来。王副官走过海军总部门口，看到岗亭里面有一人穿着棉大衣，长得极像唐长官（生智），王副官跑了过去，说明是特务营副官，然后照拂唐生智逃出南京，护送唐到了汉口。事后唐任军事参议院院长，就升王正才为上校参议，并给二十万大洋和一栋房屋，以酬其救命之恩。

南京保卫战之白白牺牲许多精锐部队，全由于唐生智之个人求表现。他曾誓言与首都共存亡，结果是弃城而逃。在淞沪弃守后，以当局作战指导，决以空间换取时间，长期抗战，争取最后胜利。以敌我战力比较，当时态势，南京实无坚守之理，但迫于唐生智之大言不惭，才有此失策，不仅白白牺牲众多精锐，还使数十万百姓惨遭屠杀，对长期抗战战力之损失，更不待言。

我曾经写过《宪兵与首都保卫战》一文，可作为本节之参考。（按：已收为附录一。）

（2）返回贵州

我离开南京后，过江到浦口，经安徽、河南，到湖北汉口、湖南长沙，把部队交给宪兵司令部。

我离家十余载，一直未曾返乡探望。南京围城前，曾将妻小送回贵州，但不知他们究竟是否平安抵达，心中甚为悬念，所以告假回到家乡安顺。初抵家门，久未见面的母亲都不认得我了，竟然喊我为副官。

不久我到贵阳见主席吴鼎昌（达诠），他是南开中学校董，带了不少南开的教师、学生来贵州工作，像财政厅长周诒春、秘书长郑道儒等。吴主席到贵州后，地方建设渐有起色。过去贵州非常封闭，自民国二十四年京滇公路开辟，贯穿贵州，交通才较便利。吴达诠来后，创办了贵州企业公司、火柴厂、肥皂厂、电厂等，同时对交通、教育、医疗各种设备，都颇有贡献。

我也见了建设厅长何辑五，他希望我留在贵州服务，于是我开始在军管区工作。

一二个月后，我又兼了很多事情：特务大队长、骑兵大队长、防空司令部科长、省会防护团团长、公务员军训大队大队长等，同时主席也命我成立骑射会，在贵阳办跑马场，一时之间非常忙碌。

当时第五军准备到缅甸，正驻在安顺，二百师师长戴安澜要我当师附，负责办干训班。戴师长后来战死于缅甸。

我在贵州待了三年。民国二十九年，陆军大学招考，我也未曾注意。待招考期已过，参谋长杨文漣才向吴达诠保荐，电请委员长特准我参加投考特别班第六期，幸考取，于三十年底正式入学。

在重庆陆大两年，其间曾偶遇王正才，谈及唐生智逃出南京的情形。

三十二年，我从陆大毕业，被分发到九十四军，军长为牟廷芳。同学中有许多西北高级将领，都希望我到西北去发展骑兵长才。而另一军校一期同学马师恭，系杜聿明至交，毕业后发表为战车员兵整补处处长，杜聿明要我担任副处长，而此员兵整补处设在我的家乡——贵州安顺，于是我回到安顺工作。

马师恭为军校一期毕业生，在黄埔只受训四五个月，就参加了北伐，长年征战，常感训练不足之苦。在陆大时，我经常帮助他。到了员兵整补处，我也替他拟计划与训练，因此工作十分忙碌。

（3）缴械九十三军

三十三年冬，日军打到独山，重庆方面震惊，委员长派何敬公到贵阳坐镇，第四方面军张发奎也撤到安顺来。时年关已近，有一天刘汉珍突然乘车到安顺，于半夜三四点叫门，说前方紧张，何敬公派他充任黔东南战地收容司令，收容前线溃散下来的部队及散兵游勇，司令部设于龙里，要我担任副司令。我先与马师恭商量，再由马打电话到昆明请示总司令杜聿明，杜同意借调三个月。因此我与刘汉珍到了贵阳。

刘是老大哥，性格随和，成立司令部之事全权交我负责。我带了军需处、参谋人员及一个宪兵队，到龙里成立司令部。

龙里的情形混乱极了，满山遍野都是散兵游勇，其中大多为九十三军兵士。九十三军军长为陈牧农，原在湖南全州抵抗日军，后来擅自撤退，当场为张发奎所枪毙，全军顿时群龙无首，三个师（新八师、第十师、二十六师）都溃散下来，沿途劫掠；加上第四分校因主任韩汉英撤离，也撤到龙里；还有难民及广西湖南撤守的机关人员，造成地方满目疮痍。老百姓家中猪鸡牛羊全部被杀光，农民所卖物品也被抢走，情况混乱不堪。散兵天天来向县长要粮，县长范子文无法可施。

我到后即出布告，对劫掠者就地枪决；另一方面成立干训团，负责收容散兵游勇。

布告次日，就抓到一名当街抢劫者，我下令枪毙。哪知这是一个四分校学生，他们闻讯集合一二千人，要来兴师问罪，但得宪兵队长的保护，幸而无事。

因情势过于混乱，我决定亲自探访九十三军各部，不料其各级部队长都离去，只找到军务处长胡大章。胡陪我巡查各师，其主要主官都已远走高飞，只留下幕僚人员。他们向县长要求二十万斤粮，县长范子文无法办到，前来向我求救。

我打电话向陆军总司令何敬公报告此一危急情况，正巧第四分校总队长邢定陶在何敬公处。邢定陶是我士官同期同学，正代理第四分校主任，何先生命他马上赶来龙里。我另外谈及九十三军的混乱情形，何先生命我将他们缴械，我说："报告总司令，九十三军有三个师，散居在各乡。而我却只有一个宪兵队，才一二百人，怎么缴械呢？"何先生派了石觉十三军的一个师（师长王光汉）给我指挥，要我尽快缴九十三军的械。

缴械九十三军是我一生值得回忆的事。此事若稍有差错，后果不堪设想；而若能顺利完成，对于日后西南地区重庆设防的安定大有正面作用，所以事前须经精密设计。我伤脑筋想了一天，在地图上反复研究。因九十三军三师约三万余人，非集中缴械不可，不然会闻讯反叛。我发现：龙里到贵阳间，必经七里冲，此处两端形成一冲要山谷，若能将九十三军集中在冲里，两边山头预先埋伏，则可顺利缴械。

我利用九十三军向县政府要粮一事，找来军务处长胡大章，说他们要开拔到安顺，所需的二十万斤粮办不到，但可以先筹五六万斤，余下的可打电话给贵阳，沿途再准备，条件是三个师集中一起走。我告诉他们蒋委员长在贵阳（实际上是何敬公），去安顺必经贵阳，需维持军风纪。胡大章当下答应我所说的条件，并说好军粮沿途分批交付，于是联络好隔一天一早集中出发。

此时我把计划告知负责缴械的部队长，在七里冲东面入口各架设电话，两侧高地架设好机枪及埋伏兵力，俟九十三军部队先头到达七里冲出口时，告知因委员长在贵阳，为维持军风纪，请等候后面部队到齐后再出发，一面告知东面入口处联络人，一俟后续部队到齐进入七里冲时，即速转告，再下令命其缴械。

不料次日胡处长突来见我，说新八师恐沿途食宿困难，坚决要分开走，如此我的原定计划泡汤了。我很不高兴，责备胡大章说话不算数。他辩称三个师人数太多，沿途宿营、采购不便，所以只能两个师先走。我也不能强迫他，除了骂他之外别无他法。

事情突变，筹思良久，一时机智终于想出了办法，即召胡大章对他说："因此地散兵游勇太多，原定贵部出发后，要派宪兵队清查各地散兵游勇，现新八师留下，恐清查时发生误会，故在贵部出发时，请留下来的新八师要集中在师范学校广场，等到清查完后再解散。"胡大章同意了。

于是我另外派人埋伏在师校广场，并装设了电话。

第三日拂晓，九十三军两师先行。到七里冲出口时，向他们说："委员长在贵阳，奉命，请等后续部队到齐后再一起走。"当后续部队也进入七里冲，两边电话联络，即向七里冲及师范学校两地宣告，要他们缴械，在四面火力威胁下，顺利解决。

缴械后，我向何敬公报告，他命我将九十三军交由陈武带到遵义整编。陈武为军校一期生，曾在刘汉珍部当营长，现在台湾。

九十三军官兵被缴械后，向军事委员会控告。该军部在缴械时，还将他们沿途抢来的财物献出。七里冲的缴械工作进行了三四天，事后查看，许多马匹都被宰杀在冲内。

其后第四分校也撤走，地方秩序才恢复。战地收容工作也告结束，我亦奉准返回在安顺的战车员兵整补处。

（4）代理都（匀）独（山）警备司令

回到安顺不到一个月，刘汉珍发表为都独警备司令，跑来找我及马师恭。这时我们已奉命开赴昆明，改编为伞兵突击总队，马师恭任司令，我是副司令。而刘汉珍却坚持要我随他到独山，担任副司令。马师恭认为替我着想，伞兵总队为新兴兵种，由美援编组成立，将来的发展好；而都独警备司令部只是临时编组。刘汉珍坚请我帮他，我也不好说什么，于是和刘一同到贵阳，他留下，由我到独山成立司令部。

我由贵阳前往独山时，两个小儿都因病而住院，病况十分严重。首日由贵阳到都匀，晚上即接电话告知两儿都死了。次日早上抵达独山，成立司令部，整顿了地方秩序及善后工作。那时孙元良及陈金城军也开到独山。

到独山始知道日军进占独山仅只十余名骑兵斥候部队，不久即撤走，并在残留墙上留下“无血占领独山”几个大字，足证并未激战。说重庆震惊，真荒唐极了。

民国三十四年五、六月间，刘汉珍由贵阳来电话，说九十四军将改换美械装备，军长牟廷芳要请我当参谋长，已报告中国战区陆军总部何总司令同意，希望我马上到湖南靖县前方去。因时间紧迫，次日美军顾问团派小飞机到独山接我，司令部的工作由刘汉珍赶来处理。

（5）更换美式装备及光复桂林

我到湖南靖县后，两位副军长及美军顾问团团长来接我。九十四军有三个师：第五师、四十三师、一百二十一师，顾问团与我商讨如何改换美式装备。

气候炎热，换装工作不太顺利。美式装备由印度空运来华时，由于分散装箱，轻机枪、重机枪、火箭炮、火焰放射器无不拆散分装。分装则不免零乱，配件错乱。部队都不愿接受，也不缴回旧械。美军顾问团不高兴，认为部队不合作；而部队也认为美式装备没有原来装备好，实际上是未曾用过而有误解。有的部队不肯换械，有的换了械却不缴回旧械，顾问团发觉后，提出严重抗议，威胁不再供给。可见其间周折不少。

三十四年六月底，中国战区陆军总司令下令，限我们于七月三十一日以前攻占桂林，只给我们一个月时间，而且又逢换械波折。我接令后，致力于搜集情报，知道靖县经湘南到广西一带都是高山，摆夷族散居四处，而沿途高山山顶上，日军都有工事。

我的作战计划深得美军顾问团及军长同意。首先说明自己在士官学校受过训，了解日军的战斗意志及作战精神。其次指出靖县到桂林沿途地势高峻，且设有防御工事，若依正常攻击作战，一个月内要攻下桂林不易。又因日军顽抗精神，势必迟延，故应以越点进攻方式；以少数部队牵制这些工事，另派一团突入桂林北部长蛇岭，以主力直接向桂林突进。

我们以一部攻打南石岭，费时良久，最后以火箭炮摧毁，也证明了我原先越点进攻的构想不错。后来麦克阿瑟在太平洋上越岛进攻，和我的计划不谋而合。

美械装备初受官兵肯定：在反攻桂林作战计划定案后，以一二一师三六三团团长饶启尧率两营轻装向桂林北方长蛇岭挺进，坚守以待军主力之进出，右翼第五师李则芬（现在台）率部沿湘桂旧道向桂林进攻，主力四十三师一二一师及军直属各部经湘桂高山地带直取桂林。途经南石岭，敌凭山头工事顽抗，当饬四十三师一二七团团长黎振良（在台曾任副军长）率部攻击，军主力仍续挺进，后悉一二七团以新装之火箭炮始将敌工事摧毁。在前进中，沿途各山头敌利用山洞狙击，火箭炮无法穿射，我临时想到，嘱各部用稻草及辣椒放置洞口附近，再以火焰喷器向洞内喷射，洞内敌始向外奔出而解决。

当三六三团按计划占领桂林北郊长蛇岭后，敌派兵围攻，战况激烈，饶团长急电请支援粮弹，当即与美军顾问团商量，决定请以空投支援。决定后即电饶团在山头空地铺设白布十字形以便空投识别，美军即派机空投弹药及美式山地口粮，此系我国军事史上首次空投补给。结果因山头面积有限，有部分补给竟投落敌方，幸饶团将士用命坚守至军主力光复桂林。

事后检讨，官兵当初抗拒改换美械装备，实为情绪反应，以后转而肯定，不仅三零步枪、轻重机枪十分精良（以后在华北姚村战役中连续发射从无故障），新配之火焰放射器、冲锋枪、火箭筒、卡宾枪等新式武器，在近战中更发挥了莫大的威力，否则在肉搏时，我官兵将牺牲更大。

我们依限于七月三十日光复桂林。桂林城和独山一样，已不见房舍。城内名胜七星岩内有几百具尸体，都长了蛆，听说是美军轰炸时，老百姓躲在其中闷死，真是凄惨。重庆《中央日报》详细登载了此次打下桂林的经过。不久，蒋委员长派了邓文仪前来慰劳。因为这次作战计划成功，美国政府特颁赠给我自由勋章一座。不久日军投降，委员长特派本军空运上海、天津受降。

另有一段小插曲。换械之后，剩下的武器运回贵阳，堆满仓库，闻牟廷芳的太太私下卖与别人。到杨森当主席，想要拨点装备给保安团，牟太太不肯，事情才爆发出来，陈辞修为此要办牟廷芳。牟逃到南京王文彦公馆，躲了几个月，后来找我帮忙。那时我在国防部服务。我送他到了汉口，再到广州、香港。局势转变之后，牟廷芳死在香港。

七、胜利后的（接收及“剿共”）复员工作

（1）上海天津的受降

三十四年八月八日，美军无线电收到消息：日本天皇已透过瑞士转达，将无条件投降。当时九十四军原已奉命向广州进攻，蒋委员长下令暂停行动。八月十五日，日本终于正式宣布投降。因九十四军攻下桂林有功，委员长命令我们由柳州空运上海受降。在美军顾问随行之下，我军自柳州机场直飞上海。其间空运全由我调度，每五分钟一架次，全军前后飞了三日。不幸其中掉了一架在杭州湾。

我是首批到上海的。沪市迎接我们，简直到了万人空巷的地步，各界并马上送给我们十二万套卡其军服、皮鞋，我们共有五万多人，于是一人发了两套，规定一套当甲种服，一套做

外出服。上海餐厅理发店也优待招待国军。

当时汤恩伯为淞沪地区受降官，派我为受降组长，负责解除淞沪地区日军武装及遣俘，组员有高参贾伯涛（军校一期）、张柏亭等。

因为多数官兵多年均在作战，未曾到过大都市，来到上海，不免闹了好些笑话。原先司令部驻在国际饭店十三楼，住进不久，经理就来报告，要我帮忙，因为士兵们占据电梯，上上下下觉得好玩，一直不肯出来。另外，马路上理发店转着蓝红灯，贵州人没看过，以为是走马灯。

后来司令部搬到斜桥总会，这里过去是英国人俱乐部所在地，设备不错。当然，住了几天，又闹了很多笑话。譬如淋浴设备，一开就吓到了，水满出来了也不管，后来拿了棉军服去堵。还有伙夫在马桶中洗米，一倒下去就不见了，哇哇大叫起来。我去视察虹口日本营房，一进操场，看到满地破碎的啤酒瓶，心中奇怪，问了人，有弟兄说：“日本人好坏，临走前把小便都放在瓶内。”原来是弟兄没喝过啤酒，竟然通通打破了，又是一桩笑话。

在上海受降，有一个很深的感触：日本民族实不可侮。他们在受降时规规矩矩，我所到的每一部队，完全保持团结及纪律。这可以由两方面来证明：第一点，所移交的物品都整齐摆置，造成册子，马匹、车辆等等无不井然有序。第二，组织并未打散，俘虏营中上下礼节都维持着。军队完全服从天皇的命令，有人受不了投降的事实，切腹自杀。但总体而言，纪律非常好，可以说形式上打败了，实质上精神并未打败。

上海受降尚未告一段落，委员长又派九十四军接收天津。美军陆战队先到天津，我担任天津受降前进指挥所主任，带着美军顾问团及少数幕僚人员，由美军空运大队长亲自驾机飞到天津，后续部队再陆续空运。

中间又闹了笑话。飞机起飞以前，我向空运大队长说需要天津机场的资料，他认为无妨，到后再慢慢找，于是两架飞机起飞了。到天津上空，他知道我曾在此受过小、中学教育，所以我们在空中转一转，看一看，降落时却找不到机场，因为日本人将机场伪装得很好。于是我们系好安全带，尝试降落，结果发现误降麦田，只好赶快再拉高升空。久寻未着，我建议到北平机场，大队长面子上难为情，希望再找找，一直在上空转。到傍晚五点多，太阳下山了，霞光反射在张贵庄机场上的破飞机，金属反光而发现机场。

降落时，有中国士兵来欢迎，自称属“渤海军区大队”，原来是八路军，因为华北早已有许多中共地下军队。他们对我非常客气，说有一小队在机场，此地距天津有二十几公里，可以到他们的小队休息。等了半个钟头，载运吉普车的另一飞机到达后，方载我们走。

到天津后，我住在帝国饭店。张廷谔市长来看我，送了几箱华北伪币。

（2）收编华北伪军问题

抵天津次日，姚宝苍、王清海等四个伪军总队长也来见我，表达了加入国军、为国效力的意思。这四个中将表示，国家光复前，他们四人在日本沦陷区中身不由己，苟延残喘下来。其实日本人当初成立这几个总队，是为了对付华北遍布的八路军。他们的兵员、干部都很年轻，装备全部都是三八式枪，除四人愿受政府处分外，希望政府不要解散他们，而给予他们效力的机会。我说，政府对敌人很宽大，何况是自己的同胞？只要过去没什么问题，政府不会追究。至于部队的优劣，我先去看看。

于是我视察了这批伪军。他们势力不小，南到沧州，东达山海关，西到廊坊，北抵长城，都是他们的驻地。年龄亦确如他们所说，成员大都是十八九岁小伙子。装备为三八式枪。主要的任务是维护公路、铁路，并对付八路军。视察过后，我觉得很好，要他们安心等候安排。

其后我们的部队陆续到达。我向军长说明情形，并建议收编这几个总队，他同意了，表示可以另派总队长。

当时我的任务是解除日军武装及遣俘，并维持地方治安秩序。辖区辽阔，“土共”十分活跃，全军兵力难以应付。

于是我们电请建议先收编四个总队，等到各地秩序恢复后再裁编。呈报了四五次，都没有明确答复，此事连北平行营及十一战区长官部都不能作主，须由参谋总长决定。其间我们要负担几万人粮饷、衣服，急得不得了。

到民国三十五年元月底，陈诚总长复电，说某日将抵天津机场，马上要转东北，不能停留太久，要我通知党政重要机构负责人及军中高级干部到机场听他讲话。我们通知了市长张廷谔、党部主任委员时子周、中央特派员罗美焕及上校以上主管，去了约二百人。为了表示对总长的礼遇，我通知他们穿上沪市各界所赠的甲种服装及新皮鞋。

这是我一生的转捩点。机场中，陈诚下了飞机，对其他党政首长也没说什么，就看着我们的部队，良久，竟当着许多人面前说：“我老早晓得，你们到了大都市就腐化恶化。你看，你们只晓得穿新衣服、新皮鞋！只晓得奢侈！我多年来不过是穿旧衣服！”接着说：“你们一再要求收编伪军——这些亡国奴！我晓得你们的心里是怕他们去当‘共匪’，因为你们腐化了，所以怕他们当‘共匪’。我告诉你们：不准收编！让他们去当‘共匪’好了，我再来收拾他们！”骂完了就上飞机到东北去，也没跟其他人讲话。

我们在天津机场送完陈诚，回去后各师、团长虽不说话，心里却对我不谅解，认为我命参加人员穿新衣新鞋，是因为我想拍总长马屁，却反而拍到马腿上。我也不说什么，不过决心不当军人了。

我托病住入法国医院。第二天，两个副军长找到我，我压抑心头的气愤无处发泄，只有说因病不回去了。隔日军长亲自来看我，答应我的辞职，但要我等到国防部另派人来才行，于是我再回到部队。不久国防部派来的接替人选到了。但我要走时，军长又说现在奉命要攻打张家口共军。我勉强暂留下来，说好打完张家口再走。

（3）姚村战役

此次战役，我们差点全军覆没于涿州之西姚村。先是我们攻下了张家口，将绕长城回平汉线，共军聂荣臻、王震等十余个纵队，计划接收我们的美式装备，于是集中了十几万人来偷袭，白天休兵，夜里密集攻打，不用枪，专丢手榴弹。我方拼命以轻重机枪抵御，丝毫不能休息。天亮以后一看，四处尸首堆集。如是持续了三天，因为双方死伤都多，所以他们没有再来。

姚村战事结束后，我向牟廷芳军长坚辞，于是离开天津南下上海。适杜聿明刚由东北回到上海养病，他是我的老长官，我陪他住了一个多月，然后前往南京。

到南京前，九十四军副军长郑挺峰写信给其兄郑介民（国防部第二厅厅长）谈及北方的形势，于是我和郑介民在南京见了面，他留我在二厅，负责督导和平救国团（分设郑州、汉口二处），处理俘虏来的共军官兵，这是三十六年底的事。

到国防部第二厅后，我看到资料，才知道陈诚打了电报，说杜聿明在东北擅自收编伪军、扩充私人势力。原来，杜聿明到东北后，发现马占山等抗日军旧部很多，因而收编了当地数万义勇军、“满洲国”伪军，利用他们维持地方秩序，等待国军到后再事整编。不料陈辞修说他是扩充私人武力，怕杜聿明尾大不掉，果真办了他，而由陈诚去取代杜。我当时就感到国家完了，日本人刚投降，军队尚未复员，华北共军遍布，并挖了许多地道，共产党的问题急待解决，如此情况下，却要驱走伪军，实在不是明智之举。而且不久之后，北平行营又将姚宝苍这些总队长抄家入狱，结果几个总队通通到热河跟随林彪去了。

其间另有一段插曲。三十五年时，陈继承任平津卫戍总司令，委员长在华北颐和园办了一个夏令营，北平各大学学生参加，我是大队长。是年底，陈辞修要去接替杜聿明，来到华北，向这些学生讲话，他提到收编伪军的事说：“如今国家光复了，曾在沦陷区中当日人奴隶的，通通要遣散。很多人怕他们去当共产党。我告诉你们，让他们去当好了，当了以后我再去收拾他们。”这些话，如今在台湾的夏令营同学可以作证。

抗战胜利后，在重庆召开了国家建设委员会，计划日本投降后复员的问题，据说会中决定两点：一、胜利后不收编伪军；二、要裁军整编，因为胜利后国家财政不宜负担庞大军队，要裁编各军，并打破原有建制。依我个人浅见，日军投降后有关受降事宜、地方治安秩序维护、各地共军问题解决，都需要部队兵力，而交通运输亦极急迫，故不宜急于裁军整编，并可暂时利用伪军，俟各地复员后，再分别裁军整编及再遣散伪军。

八、枪杀刘伯龙始末

（1）黔省情势告急

三十七年五月，中央发表谷正伦为贵州省主席兼保安司令，前主席杨森调任重庆市长。谷先生电国防部调我回黔担任保安司令部参谋长，于是我离开了国防部第二厅，回到贵州。

当时陇海路已经失利，局势渐形紧张。保安司令部原有两副司令编制，但贵州却虚悬此职，由参谋长代为负责。我到任后，除计划省内保安工作外，并预筹情况恶化时贵州防务，因为一个人负责对内对外，颇有分身乏术之感，为此而向谷先生建议调韩文焕回黔协助。

关于韩文焕，有一段插曲。我还在南京时，方伯（文焕）任首都警察厅长，不知何故为属下所告，老先生下令查办，并限制韩的行动。他知道我要回贵州，遂请我向谷先生报告，要我帮他留意有无返黔时机。韩文焕过去曾任贵州保安处处长，对贵州情况较为熟悉，又是宪兵老人，际此紧张情势，正宜于返乡服务。谷先生同意向委员长报告，解除了对韩的行动限制，韩因而回到贵州。

当时贵州只有六个保安团散驻各县市，而滇黔边区、贵阳附近“土共”活动频仍，情况非常之糟。我建议谷先生增编保安团，并在贵州成立新部队。电报上去后，中央为贵州成立了第十九兵团，下辖第四十九及八十九两军，以何绍周为兵团司令，兼四十九军军长。至于八十九军军长，中央电嘱谷主席保荐三人候选。谷先生询问我当时贵州谁有资格担任军长，我报告说：“目前贵州军校一期的有王文彦、刘汉珍二人，韩方伯是军校三期，他们三人都有资格担任。”主席以三人学经历适宜，即嘱我电报中央定夺。隔两日，复电来了：“派刘伯龙为八十九军军长。”谷大爷对此并无不豫之情，原本自北伐起，他对蒋先生即忠贞不贰，共产党曾贴了标语：“打倒蒋介石的走狗谷正伦。”倒是我却深以为异，认为在军事统治与伦理上，何必来电报要谷氏保荐？我们既已荐举三人，自不宜另派他人。事后据闻系某侍从室主任从中推荐。

由于时局紧迫，部队必须及早成立，我请示谷先生有关十九兵团兵员及装备补充事宜，谷即指示先补充八十九军兵员装备，足证谷对刘伯龙毫无芥蒂，故在贵州危急之际，只有八十九军及四十九军陈永思师（一二一师）之一个团与六个保安团。

（2）刘伯龙滥杀无辜

刘伯龙到黔不久，某次省参议会质询中，议长平刚（绍璜）询问谷先生：“我们在东路（黔东）有三位省议员下落不明，请从速查复。”会后谷先生问我此事，由于地方保安团并未呈报相关情报，而八十九军又驻在东路及贵阳一带，所以他命我去问刘军长。我到了刘家，说明原委，刘伯龙竟坦然地说：“老弟，你转报主席一下，别这么大惊小怪的。这三个人有‘匪谍’嫌疑，我已经派人把他们干掉了。如果我事先呈报，你们一定难于处理。”我也不好说什么，只有向谷先生回复。

事隔了一二个月，某日谷先生突然将杨森将军（时任重庆市长兼重庆卫戍总司令）来函交我过目。杨系前任贵州省主席，信中说在他任内的保安副司令马学波（龙里人，与刘伯龙同乡，我陆大同学）全家遭人抄杀，连佃户都未能逃过此劫。所幸马某当时不在，其妻冒险逃抵重庆报告。信中说："虽然我已不在贵州服务，但马学波毕竟为黔省青年，吾兄又正号召家乡青年返乡服务，此事务请吾兄迅速彻查。"因为前有省议员被害的事，所以谷主席气愤地对我说："你去问问刘伯龙，是否又是他干的？"

我到了刘家，将原信交给他，刘伯龙看后笑道："哈，这有什么了不起！请报告主席，马学波是我乡里人，在地方上无恶不作，我特务营弟兄多系家乡子弟，这些家伙回去报复他，我已将肇事者办了。"我回报后，谷先生拿他也没法子，因为贵州就他一个军编组完成，其他保安团又分驻各地。因此主席只好委婉答复杨森将军了事。

（3）刘伯龙违抗军令

三十八年夏，华中情况紧急，我与湖南沅陵警备司令颜梧（我陆大同学）联络，得知程潜将叛，而中央亦下令华中长官部撤退，因黔东只有保安第三团及尚未补充完成的何绍周第四十九军，贵阳兵力空虚有如空城，所以我们电告华中长官部，希望他们撤退时能转至黔桂边界一带。

此时谷大爷与我商量如何调动八十九军布防，两人在地图上研究。原先我主张调刘伯龙部至晃县、玉屏一带，谷先生以为不好，他说："黔东我很熟，此刻布防镇雄关、鹅翅膀一带较佳。"谷先生在王文华（电轮）部下任旅长时，对黔东一带地形很熟悉。

方针既定，绥靖公署遂作了如下部署：（一）令在黔东之保三团警戒湘黔边界。（二）令第四十九军陈永思师已装备之一团，驰赴镇远镇雄关一带布防，掩护八十九军在马场坪集结。（三）征集过境及境内公私车五百余辆，驰往云南沾益，赶运第八十九军前往黔东。（四）令八十九军于十天内轻装在马场坪集结（该军为解决卢汉调赴滇边，详后"卢汉变节"一段）。

令下后，我们得到情报，知道所征车辆已开抵沾益，此后即随时注意八十九军动态。时共军已逼近湘黔边境，情况十分危急，我们心情极为紧张。由云南开赴马场坪，估计五日可达，不料车子去了五日，传来的情报却是八十九军停滞未动，谷先生对此消息十分怀疑。

至期限将届，刘伯龙率同其特务营，押运了十余辆卡车，载满私有之建筑器材（诸如卫生设备、澡盆、水管等物）及烟土，开往其家乡龙里。途中经过贵阳，刘本人下车，立刻往见谷先生。时谷大爷故示镇定，问道："贵部情形如何？"刘竟回答说："我特别赶来报告主席，黔东一带地势不好，我已在盘江布防，特来请您老人家到盘江去。"盘江位滇黔边区，地势利于防守。以刘之所为，根本是违抗命令，挟持长官。

但当时谷大爷只是慢慢应声道："啊！啊！"刘伯龙又说："我忙哪，回龙里去了。"人就走了。前几回杀害省议员、抄马学波家的事，我很同情谷先生的处境，因刘伯龙大军在握，不可轻易处分他。但此回抗命擅自布防盘江，实等于弃守全贵州，对大局影响甚巨。然而谷大爷却这么毫无处置，使我深感意外。

我当时也很疑惑：刘伯龙既然把部队布防黔西盘江，为何又将私人财物搬运到贵阳东方的龙里？事后我才获知刘早有叛意，他透过贵阳维持会联络共方，准备起义，条件是：(一）比照陈明仁优待。(二）部队不予编遣。无怪乎他不肯布防镇雄关，因若与共军距离太近，将不方便条件磋商。关于刘伯龙与共方接洽经过，可参考赵健民著《普安会议》一书。(按：书中关于刘伯龙一段收为附录二。)

问：依照军事学的观点，在盘江布防有没有道理？

答：盘江在贵州西边，以盘江为第一线，等于放弃贵州。

何况作战命令岂可违抗。

（4）请示层峰决定杀刘

刘伯龙走后，谷大爷命我赶紧联络在镇远布防的第四十九军陈永思部，但我忙碌了一天，仍毫无对方消息。此时晃县一带已有共军踪迹，谷遂命我即刻邀集主要人员，在谷公馆召开紧急会议，与会者为：贵州绥署副主任王文彦、省府秘书长何朝宗、保安副司令韩文焕、财政厅长潘锡元及卫生处长贾智钦等人。

会议之前，谷大爷得知警保处长兼保密局站长陈世贤弃职潜逃，因嘱新闻处长蔡虹
甄电告保密局局长毛人凤查办。岂料陈世贤恶人先告状，诬告谷大爷与桂系勾结，各种谣言因此而起。

紧急会议中，主席先说明军情，不得不撤离贵阳，接着又说道：“今天请大家来，是要商量两个问题。第一，我们撤离贵阳前，是否要先事破坏，以免物资为敌所用。第二，中央银行的贮存金砖如何处理？”

众人发言后，谷先生作成以下结论：只破坏贵阳军用物资，因若大事破坏，须将百姓一起带走，但西路粮食困难，军需匮乏，百姓更带不动。至于央行金砖，除留一块（重四百两）备用外，另派七部卡车全部送交重庆西南军政长官公署，由张涛师派兵押送，因今后部队作战，只要粮、弹，金子无用，不若中央之急需。不过，这块随队金砖，在盘县紧急时，本欲分给各部队使用，却因不易分割，最后留在绥署。

商议既定，次日我们开始撤退，刘伯龙也赶来同行。但王文彦、韩文焕深谙刘伯龙为人反复，不愿与他同路，所以先走。省府秘书长何朝宗、卫生处长贾智钦、新闻处长蔡虹疵及我同主席及刘伯龙同行。

撤退首日抵镇宁，我同谷大爷住在县政府中，刘伯龙另居他处。当时时候尚早，才下午三点钟，谷大爷对我说道："法乾，你再跑回安顺一趟，给家母及舍弟纪书（谷正楷）说明，务必要接他们到昆明。"同时我也想顺便接家父及黄干民（国桢）等出来。

我回到安顺，先去见谷老太太，几经敦劝，老夫人犹坚持年老不愿离乡。而织金绅士李民三在某山洞中贮储粮食（此洞已经中共开发为观光场所，名为打鸡洞），他向我说："你们放心，我会照拂老太太这批老人家。"先父及黄干民亦都坚决不走，黄还向我要了几十支枪，准备打游击。

后来中共进了贵州，黄干民头一个被枪毙，死前神色不变，仍喊着中国国民党万岁。

当夜返抵镇宁，谷大爷对我说："法乾，你知道布防镇远的陈永思的一个团怎么下落不明？"我说不晓得，他叹口气道："刚才刘伯龙来聊天，突然提到何绍周的部队'真不行'，我十分诧异，心里想：'他也是何绍周的部队啊，怎么说这个话？'他接着说：'陈永思的一个团已被刘逸群收编了。'我听了不胜意外，问他刘逸群是什么人，刘答道：'喔！我忘了报告主席，刘逸群是我弟弟，我已派他为独立第一旅旅长。'"说到这里谷愤怒说："哎呀！真是大胆妄为！"

由镇宁出发走向晴隆，沿途刘伯龙不断假惺惺说："主席，你老人家这么大年纪，还带病（胃病便血）苦撑，我们晚辈实在是惭愧得很，应当替你代劳。"谷答道："那有什么办法？老先生要我负责任，拖死也得拖到底。"

一行人抵晴隆后，我同主席住小山顶上县政府。次日晚上，刘来了，露骨地向主席表示："你老人家的病这样拖下去也不好，兴仁县有青龙山名胜，风景好得很，我在那里已布置一房，请你老人家前往休养休养。"谷大爷虚与委蛇道："只要老先生同意，我也想休息了。"

第三日，宪兵司令部团长李经甫、炮校校长娄绍铠等突来找我，说云南方面封锁边境，禁止人、车通行，以致各部队、机关、学校、民众数万人拥塞边境，秩序混乱。是夜并接云南绥署来电，谓第八十九军驻守云南沾益时，曾将某村居民男女老少三千余人悉数残杀，省民愤慨，希速处理，否则断绝交通。谷大爷这时才怀疑了：“刘伯龙如此胡作非为，是否上级有所授意？”乃嘱新闻处长蔡虹翫执笔，略述刘伯龙之不法及抗命，并谓“以上情形，贵州防务是否交刘伯龙负责，否则如何处理。”旋得总裁复电以刘伯龙违法抗命，“着即由吾兄权宜处置。”至此主席乃决心将刘绳之以法。

（5）晴隆擒龙

谷先生命我部署处决事宜，并列为绝对机密，因刘平日随身带有三百名便衣队，稍一不慎即有差错。刘伯龙与我私交虽好，但因受命如此，我亦无法帮他。

我找来保一团团长李成举（李民三之侄子），向他说明计划：利用刘邀主席赴青龙山休养一事，约刘到县政府商谈。事前李成举在山脚准备，使刘只带二三名卫士上山，留在山下之便衣队，则受茶点、香烟招待。俟刘将下山时，埋伏在半山坡上礼堂内将其处决。

次日早上我打电话给刘，他听说主席可能要与他商谈青龙山疗养之事，立即答应前来。上山之后，他先来厢房找我，我告诉他主席在正房内，他遂离去。几分钟后，刘又回来，拿了一张贵州绥署信纸，状至得意地对何朝宗及我说："你们看，主席写的。"纸上书有："贵州绥靖主任暨省府主席保安司令着由八十九军军长刘伯龙全权代理。主任兼主席谷（未署名）"。刘又说道："这样子吧！你当总秘书长，你当总参谋长。"说完后即出厢房。

走到礼堂，李成举及三位卫士开了冲锋枪，将刘处决。跟着山下枪声大作。我们临时派人用喊话筒向山下喊话："总裁命令，八十九军军长违抗军令，就地处决。事情与你们无关，毋再抵抗。"情势遂平。中央另委张涛代理军长，在盘江布防。

（6）刘伯龙的变态心理

刘伯龙与我私交很好，在日本留学时，他进步校，我在士官学校，两人都尚未娶妻，过年过节常一同游玩。回国以后，他还招待我住过他家，但因工作关系，他在康泽别动总队当参谋长，我在江西“剿匪”总部，来往渐少。民国三十六年，我在国防部督导和平救国团，到郑州视察时，在招待所内同他相遇，当时他担任军风纪视察团团长。此后，及至他发表为八十九军军长，我们才又重逢。

因私交甚好，所以我对他性格非常了解。他旧学底子不错，人很聪明，但个子矮小，其貌不扬。我可以举一桩事实为例。抗战前，刘伯龙曾在九江星子训练班受训，陈辞修当教育长。陈身材同刘一般矮小，学员坐在小板凳上聆听陈讲话。说完后，陈询问大家有无意见，刘伯龙在后座起立发言。突闻陈辞修大声说道：“你讲话要站起来！”刘伯龙答：“报告教育长，我是站起来的。”

刘伯龙滥杀无辜，主要的原因是他的变态心理，他怕别人笑他个子小，因而以杀人立威。他所穿皮鞋后跟很高，同高跟鞋一般。他的变态心理在地位低时尚未明显，及至任二十八师师长时开始乱杀人，到驻守沾益屠村，竟使当地鸡犬不留。

他同我在招待所碰面时，也学委员长做了一件披风，常在大穿衣镜前走动，向我说："老弟，你看看我这样子如何？"可见他希望引人注意之心理。

（7）评萧开训《谷正伦杀刘伯龙的经过》一文

萧开训当时是贵州保安司令部参谋处长，为我部下，杀刘伯龙是极机密的事，他并不了解实际情形。上述杀刘经过，除省政府秘书长何朝宗和我知道外，韩文焕、王文彦也不清楚个中原因，且事发时他们并未在场。其余旁人都只是事后揣测，为何杀刘？如何杀刘？萧开训所写不实不尽，我随便举几个错误：

第一，他说杀刘伯龙是由韩方伯一手策划，此与事实不符。

第二，他所引的三位八十九军军长推荐人选有误，毕竟人事电报是高度机密，参谋处长并不知情。

第三，杀刘的原因也不对，说谷大爷下决心杀刘是在卢焘被害之后。其实卢焘被杀是小事，为这一点而下决心并不合理。况且刘伯龙杀卢后，曾向谷大爷报告："卢焘这老家伙，我恐怕他给'共匪'利用，把他杀了。"卢焘早年曾任黔军总司令，年纪也大，资望孚人。

萧开训说刘抢劫保安司令部枪械，更坚定了谷杀刘的决心，根本无此事。最重要的卢汉电报，以及谷大爷拟电请示总裁、总裁复电令谷全权处理，萧都不知情。

第四，至于萧所谓谷韩同桂系勾结之说，纯为道听途说，揣测之词。因中央军费困难，我为筹集增编军队所需粮饷装备，遂将前省府所存烟土，设法运至广东变卖，购买通讯器材等装备，并委万徐如（军校三期）为特税处处长，负责运售。但路经广西，恐有阻碍，所以找了沈久成（绥署任高参），他是贵州老军人，与广西关系好，故请沈协助万运送烟土。萧开训等人以沈与广西的关系，而怀疑我们借沈久成同桂系勾结。

陈世贤造谣亦使谷大爷含冤莫白。俞济时当时是侍从室主任，推荐刘伯龙当八十九军军长，杀刘自然令他心里不舒服，陈世贤的报告更使他相信谷正伦与广西勾结。

其实另有反证可证明谷之清白。在情况紧急时，贵州多次电请华中长官部白崇禧，说明黔东空虚，希望长官部部队转移时，能撤至黔桂边境。结果，白长官率所部往桂省撤去，未留一兵一卒于黔东一带，证明谷同白并未事先勾结。谷自北伐起，即对蒋忠心耿耿。

第五，萧谓杀刘前已写妥由刘伯龙接替谷正伦为贵州绥靖公署主任的布告，以哄骗刘伯龙，并无此事。

凡此，皆可见萧开训之不明究里。不过，身为参谋处长，他总比一般人更了解事后处理经过。

（8）来台后余波

来台后何敬公曾呈请为刘伯龙在善导寺开追悼会，此事纯为陈世贤所播弄。刘伯龙元配生一子名刘灿，来台后任空军飞行员。陈世贤经常从中挑拨，强调刘伯龙被谷正伦、韩文焕所害。

陈世贤煽动刘灿报告国防部，以替刘伯龙申冤。因而带领刘灿往见何辑五（何敬公之四弟），借此辗转与何敬公晤面。适巧何敬公亦不明了枪杀刘伯龙始末，遂向老先生提议，终于在善导寺举行追悼会。之后，谷正纲问陈为何国防部要替刘开追悼会，陈世贤竟两面挑拨，向谷说："听说是何四爷（辑五）搞的。"何四爷过世前曾找我谈，才弄清楚前因后果，当时陈世贤已死。犹记得何四爷谈到陈世贤，还曾叹了口气，愤然地说："这家伙真会搬弄是非。"

九、贵州撤守前的回忆

（1）谷正伦的眼泪

在盘县期间，谷大爷病况加重，便血不止。卫生处长贾智钦同我劝谷先生请假休养，他说未征得总裁同意不可离去。我们为他电呈总裁报告，奉覆准赴香港疗养，可是未指示由何人代理。

当晚，谷传唤王文彦，不久，再招韩文焕前去。韩回来时，我问他主席何事找他，韩说道："老弟，主席不是要到香港养病吗？他想要王人镜（文彦）全权代理，王人镜不干；主席再找我去，要我负责，我也拒绝。可能下一步他会找你，你千万不要答应。"

稍后谷大爷找我去。房里点马灯，脸上有泪痕，从未如此凄惨。我问："主席，怎么回事？"他沉重地说道："找你来，没旁的事。我现在不走了，死也要死在这边。我死后，丧事请你料理。"

我劝他不要激动。他感叹说："你们代我呈报，委员长也批准我到香港养病，我当然要找个代理人。谁知，找王人镜，他不肯。我也不勉强他，因为王不熟悉贵州事情，过去我同他也没什么关系。但是竟连韩方伯也不接受，我就不走了。韩方伯是我宪兵老部下，这种危急时刻也不肯负责，我当然不走了！"

当时我先劝主席不要难过："现在情况如此，教谁全权负责都很困难，实际上现在各事经由我经手处理，不如名义上由他们分别负责：绥靖公署交王人镜，保安司令部交韩方伯，省政府交何朝宗，三人分别代理。"谷大爷同意了。事后我与王、韩、何三人商议，他们亦无异议。如此，谷大爷才启程赴港。

临走前，我替主席清理箱子，内有五千美钞及硬币八十余块。美钞部分，谷大爷准备作为孩子赴美留学的学费，八十余块他就赠送给我。并交待说："国防部将迁昆明，万一未迁，粮弹必定困难，将来可去请求卢汉主席帮忙。我的老友杨石生同卢汉情同手足，你拿着我的介绍信到昆明找杨，他会陪你们去见卢主席。"

谷大爷遂由盘县乘车到昆明，换搭飞机赴香港疗养。

（2）“卢汉变节”

民国三十八年夏，根据确实情报，卢汉将有异动，中央决定解决卢汉，可惜半途而废。

大局逆转时，中央在重庆设了西南军政长官部，负责西南军事，以张群为长官，钱大钧为副长官，实际由钱大钧负责，我们归其指挥。

其间据各方情报，卢汉通共证据确实。当时老先生准备以川、黔、桂为最后防线，故将陕西胡宗南兵团撤到川、康，并下令解决卢汉，派谷正伦任总指挥；以刘伯龙八十九军、二十六军（军长余程万）为主力，调刘伯龙军赴云南沾益；左翼为黄杰、鲁道源、张淦三兵团，右翼则是李密的第八编练处[①]，限三日内开始行动，我也亲赴清镇机场开会，指挥部队向云南昆明推进。

不料，行动前二日，重庆来了电话，命令停止行动，我并

① 当时无李密此人，作者有误。可能为李弥，而李弥当时为第八军军长（曾任第六编练处司令）。——编者

不晓得什么原因。直到后来我到了香港，才知原委。原来，下令解决时，张群尚未知情，至其获悉消息后，立刻前往晋见老先生，强调卢汉绝未通共，并说："他对总裁忠实得很！不过他经常向我诉苦说中央有人歧视他，大概这些人又造谣生事。我会叫他来向总裁报告一切。"此事有一位在台贵州同乡晏玉琮可兹证明。晏毕业于云南航空学校，曾任空军副总司令，当时是空军重庆军区司令。卢汉至重庆见老先生，由其亲自驾机接送卢汉离开重庆。他知道老先生送了二十万大洋给卢汉。

不久国防部迁昆明，张岳军一下飞机，即被卢汉派人软禁，但旋又释放。中共报纸登载这道消息说："卢汉义释张群"。

（3）因缘际会离开大陆

谷大爷走后不久，某夜，第十九兵团司令王伯勋突偕同参谋长梁筱斋前来盘县，我甚表惊异："伯勋，你不是在毕节吗？"他说："司令官（指何绍周）已到重庆。他走了，我们还留在那边何用？"于是绥署省府各单位只好转至曲靖，将防务交由该团部统一指挥。

到了曲靖，因部队粮弹问题，我与王文彦、韩文焕三人即到昆明找杨石生。犹记得在昆明住谊安大厦，由杨引导至五华山卢公馆。在客厅等了二十多分钟，杨石生对我们说："主席痔疮复发，不能起床，请你们回去等几天，我再陪你们来。"实际当时卢汉已准备叛变，生病系推托之辞。

我们回到旅馆，等了两日，因粮弹问题急待解决，国防部又无来昆明消息，王文彦及韩方伯与我商量需派人到香港，将情形向谷主席请示。因我年轻，他二人遂推我跑一趟，飞机当天可往返。

不料飞机停飞，购票无门。我想到昆明警备司令佴晓清，他是我陆大同学，因即电话请他帮忙。他派一高参陪我到机场，准许国泰航空公司一架飞机起飞。

一到机场，到处都是想搭机的人，混乱已极。有十多位都搭上我的飞机，记得有炮校校长娄绍铠、某师师长李唐等。

三个多小时后抵达香港，我立即去看望谷主席。一进门，谷惊道："法乾，你怎么来的？"我说我坐飞机来的。他说："你看看香港的号外，卢汉已叛变了！"原来我起飞不久，卢汉即宣布投共。

卢叛后，张群及王文彦、韩方伯皆被囚禁，立法委员裴成藩亦拘于同室。因释放张群，他们得以同时脱险。

（4）家眷先到香港经过

一九四九年十月间，贵州情况紧急，谷主席及其他重要人员家眷已包妥飞机飞往香港。当时我忙于保安司令部及绥靖公署工作，几属席不暇暖，未及考虑私人家务。某日下午韩方伯来，问及我家眷如何安顿，我告之送回安顺家乡。韩说道："怎么行，尊夫人系外省人，留在家乡不行。主席夫人及我家眷已包了一架飞机，明日将飞香港，最好尊夫人也一同前往。"我坦承无钱如何去，韩建议我向主席要一笔钱，我说无法启齿。他再建议我向军需处去拿，我也婉拒，他不高兴地走了。

晚餐时，韩方伯又来了，拿了毛巾包着一包钱给我，催促说："法乾，拿去吧，叫他们赶紧准备，明天一早要起飞。"我一看，有六十两黄金，推辞不肯接受，并说即使家眷能到香港，也不知如何生活。他要我不必多虑，因主席夫人及他太太都在一起，无需顾虑。因此全赖韩方伯之助，我家眷才得顺利出来，此事至今我仍感念不忘。

十、在台湾

（1）服务军人之友社

我这一生的生活，正巧可分四个二十年段落：头一个二十年为幼年、求学时期，第二个二十年在军中时期，第三个二十年已来到台湾，在军人之友社为军民服务，第四个二十年则是担任蔡家企业顾问时期。

当初我一到台湾，谷先生即致函参谋总长周至柔，要他为我安排合适的军职。但这信我始终未曾递出，我早已决心不再当军人。

来台时先住旧属张维新家，后一度住陈世贤家。某日有朋友请我吃饭，同桌巧遇桃园人陈长寿。陈某为桃园旺族，后来也当了桃园县长。我在日本未入士官前，陈长寿正就读日本高等工业学校，两人曾同住大冈山一日人家，不意此时在台湾重逢。他探问我情形之后，邀我搬去他家居住。

除陈长寿外，我陆大同学、军校一期的马师恭在台中有宽大房舍，亦热心要接我去住。我刚到台湾，不知做何选择，于是两地都去看看。后以桃园毗邻台北，易于寻找工作，因而选了桃园。

桃园宪兵队很多人都是我的学生或老部下。当时警务处长陈仙洲是我在天津成立警备司令部的稽查处长，在贵州当过县长的李树猷也在县政府，都分别来探望。

一二个月后，蒋经国先生倡导成立军人之友社，号召效忠领袖、服务三军。桃园地方人士就推我出面创办，我以此系社会团体，遂答应进行筹备，不久正式成立。军人之友社由地方选举理监事，期望改变社会上“好铁不打钉，好男不当兵”的风气，推行敬军运动，并促进军民合作，使民敬军，军亦爱民。

我在桃园七年，其间曾进革命实践研究院受训，在受训时曾立诺言，愿为军民服务。如今回想起来，我创办桃园军人之友社，确曾解决不少军民问题。

其间最重要工作为安顿由韩国归来一万四千余名反共“义士”，此后又陆续安顿了来自一江山、滇缅边区及富国岛的“义胞”。

当时退除役官兵辅导委员会成立未久，拟在桃园筹设渔管处，派军校一期谭辅烈为副处长，负责筹建。桃园境内大小鱼池遍布，皆由附近农民控制的农田水利会管理。辅导委员会欲以渔管处负责取得鱼池，安顿荣民从事养殖，但因农民反对而无法可施。谭找我帮忙，谭辅烈在日本骑兵学校受训时，曾与我同在骑兵二十四联队。我邀约辅导会及水利会双方负责人，进行面对面协调，结果达成任务，正式成立辅导会桃园渔管处。

此外，我开办了十余所眷村之幼稚园。其后亦曾在台中、台北、高雄兴建国军宾馆，例如台北国军宾馆，土地是向市政府洽拨，当时高玉树任台北市长，我动用个人关系请托，幸得批准。高雄寿山公园内有金马宾馆，也是我所筹建。

（2）担任蔡家企业顾问

蔡万春小我五岁，近年来瘫痪在床。他向我说他原籍竹南，以前来台北谋生，最初栖身于今日仁爱路圆环附近菜园内，每日到中央市场卖杂货。他只有小学学历，但脑筋却动得快。眼见市场内每天雇人清除一大车腐烂水果，他灵机一动，与市场商贩商量后，将烂水果废物利用，自行拖去仁爱路，经过加工处理，制成酱油（日据时代，禁止台湾人用糖制酱油），因不需成本，就此发财。后来他接办衡阳路第十信用合作社，由于政府鼓励国民储蓄，蔡万春适时发起一人一元储蓄运动，事业进展神速。

其间谷正纲亦同他有段渊源。时谷任全国信用合作协会理事长，因台北市某信用合作社倒闭，影响社会秩序，谷乃请蔡万春十信支持数百万，蔡一口答应，赢得谷之欣赏。

信用合作社经营顺利后，适值前台湾省议会副议长林顶立因故脱离政坛。蔡与林相识，两人商议由林出面申请成立保险公司，蔡万春负责出资。中央为安抚林顶立，特准其成立国泰产物保险公司，林顶立任董事长，蔡万春任副董事长，由其弟蔡万财任总经理（后更名为万才）。蔡万才为蔡万春四弟，另有三弟万霖（国泰建设总经理）、五弟万得，他们都是万春扶持起来的。

我在台北军友社服务时，社址在中山堂，时第十信用合作社刚成立，军友社所有款项均存在十信，对蔡帮助不小。他对我的为人甚为心仪，其三子发生事故，特找我帮忙解决。

蔡辰洲为蔡万春二夫人所生长男，蔡扶持其成立国玺塑胶公司，函邀我帮忙辅助他。当时我在军友社已二十年，因而应允。一九七〇年又到桃园协助迁厂，弹指至今又已二十年。

我的主要工作是辅佐蔡辰洲及其弟辰洋。辰洲最初在国泰机构董事会担任秘书，后来成立国玺塑胶公司由他负责，他请我来协助。接着国玺与国泰塑胶合并，仍由他负责。

我在蔡家服务期间，也做了不少事。如蔡万春原本反对员工组织工会，因恐工会成立后易闹事，不好应付。桃园县政府对此束手无策，前来找我设法。经向蔡万春婉为说明后，蔡始同意由我督导负责，在厂内成立了工会。一二年后，国泰机构中产业党部也告成立。

这些年来我看着蔡家起高楼，又看他们楼塌了。蔡家出事之后，坊间有他们的兴衰史专书，有些资料是确实的，但有些却并不完整。就我所知，蔡辰洲落得如此下场，家庭环境与教育有关。

我在蔡家成立产业党部后，中央希望我吸收蔡家人入党。我先与蔡辰洲洽谈，当时他表明心态：“在台湾，任何人都致力实行三民主义，不入党也等于入党，何必多此一举？”

我说：“民主国家的大企业脱离不了政治，这是将来发展的道路。”

他应道：“我不相信政党政治，现在只是国民党一党专政。”

我举民、青二党为例，证明政党的存在，他不以为然道：

“民社党、青年党都是国民党的尾巴。”

我驳斥其看法，他争辩说：“要是如你所说，真正实施政党政治，那我可以自己组党？”

我告诉他：“现在是戡乱时期，面对中共这个强敌，国家政务纷乱，不宜再开放组党。”

终于他坦诚而言：“入党后仍须受组织牵制，不入党，我们要如何做都可以。”

他心态如此，我亦不勉强。

某次产业党部开会，蔡辰洲突然闯入。我十分诧异，但仍表示欢迎。我以他是总经理来参加也无妨，不意他竟说道：“我入党了。”真是奇怪，多年来我曾多次同他商谈，他都持相反看法，为何突然有此转变？他又说：“我入党同旁人不同，是两位中央要人介绍的。”

当初其弟蔡辰洋将成立广告公司，蔡万春问我传播界有无熟识之朋友，我介绍了华视某负责人，其后蔡家聘请他担任理想工业董事长。

蔡辰洲竞选“立法委员”，事前我不知情，当选后竟组织十三太保企图自成一利益团体，这是促成他胆大妄为的起因，致有以后的失败，完全违背其父“经商不参与政治”的训示。蔡辰洲当了“立法委员”后，大笔交际应酬，对事业无法照顾，并且大量吸收游资，以员工为人头，私向十信贷款。

蔡辰洲的奢靡是他的致命伤。他一家六口（父母、妻子、两女），却住了一栋大房子，车子有五六部，并请了八名退伍宪兵警卫。其后我赴美时，顺便看看关系企业，员工向我诉苦道：“顾问，烦请向老板说说，现在经济不景气无妨，公司苦时，大家同担辛劳无所谓，但老板也应有表示。他花费几十万美金购买两部高级轿车，一年却难得来一回，来了也不一定使用，车子保养花费很大，这笔钱若能放在银行生息，作为员工福利也好。”

除了奢侈外，蔡家家族间也有问题。蔡万才当选“立法委员”后，与高阶层接触渐广，不再安于国泰产物总经理之职衔，要想当董事长。此事应该和其兄、侄商量，但他却突然在董事会中将原董事长林顶立推翻，自己出任董事长。事情爆发后，兄弟子侄极端不满，从此蔡家分裂。当时，我曾以“家和万事兴”相劝，但终告分裂为四个集团：蔡万霖成立霖园，蔡辰男组国信，蔡万才为富邦，国塑集团则为蔡辰洲主持。

（3）台湾贵州同乡会

到台湾来的贵州人多为军、公、教人员，经营工商者甚少，其中以青年军退役者及一九五二年随黄杰从富国岛来台之前贵州绥署所属之十九兵团及保安团人数较多。一九八九年，据“内政部”资料，五六千户万余人，参加同乡会者仅三千余人。

一九五三年冬，乡人张廷休、倪炯声等为团结乡人，共谋福利，特在台北发起成立贵州同乡会。历经三十多年努力，仍无固定会所，迄未发生功能。到一九八五年初，始由王华中邀请乡长谷正纲、华仲麟等十余人在立法院商讨，一致推请我出来整理。我虽坚持不果，乃由何纵炎出面邀宴各理监事，宣布此事。不料十信、国塑事件爆发，顿感事态严重，实无法再为同乡会服务，当即告知何纵炎说明苦衷，也不能参加邀宴。后经华仲麟乡长再三婉劝，并告以只要我出面领导，关于经费方面，何纵炎决全力支持，始又决定，以有生余年，再为苦难乡人服务。

当决定到同乡会服务，除遍访有关乡长了解状况后，为发挥同乡会功能，当即策订：一、筹购会馆，二、恢复《贵州文献》出刊，三、扩大参与加强联系，此三大工作目标。其中以购置会馆为多年来历任理事长迄未能实现的重要工作，盖以乡人多不善营商，多系军公教人员，财力不足。我乃决定从先购一小型会馆着手，并先邀约年轻稍有办法之乡友洽谈，说明我的计划，当即得很好反应。

一九八五年四月间会员大会时，我以高票当选理事，再经理事会一致推举为理事长后，即分别展开：(一）遴选热心乡友成立会馆购置促进会，（二）邀胡国藩、丁慰慈、王华中三乡长负责《贵州文献》复刊事宜，（三）分函全体乡友参加同乡会团结互助。旋即召开理监事联席会议。提案后，得到热烈支持，当场尹文异（其父尹述贤，“立法委员”，曾任理事长）捐五十万，戴宏如二十万，顾法先二十万，韦福成十万，全体“国大代表”各捐两万，其余一万、八千均分别响应。会后我率同总干事等，亲访何敬公、谷正纲等乡长，均分别认捐，共得二百余万。随即由戴宏如、万德禄乡长觅得和平西路大厦一屋，需三百万，乃予订下，不足之款复经全体理监事再予捐助，乃大功告成。《贵州文献》事乃请胡国藩任社长，丁慰慈任主笔，王华中为总编辑，并改为年刊。关于扩大参与方面，乡人反应热烈，分别在高雄县市、台南市、屏东、宜兰、花莲、台中成立同乡会。桃园地区成立毕节、湄潭、惠水、盘县各县同乡联谊会。其中以高雄县办理最好，并购置会馆；台中县则购地设乡人墓园。

一九八五年十一月三日台北市会馆落成启用时，何敬公、谷正纲与我共同剪彩，各地乡人纷来祝贺，盛况空前。然而问题接着发生，因需人服务，水电、管理费每月也需万余元，经多次提会商讨，大家无法可施。我苦思良久，乃订出委托维护管理办法，婉请张家豪乡友承担。除留一大间作会馆办公外，余由其使用，其条件为：（一）每月由其交会馆维护费八千元，（二）所有电话、水电、管理各费由其负担，（三）所有会馆往来文件收发、电话接转、乡人接待由其负责，（四）同乡会开会时得用大厅。此一办法之订定，实因会务人员如总干事等既无车马费，无法令其经常来馆服务也。

自我接事后，按期举行理、监事会，并扩大办理联谊餐会、春节团拜、颁赠奖学金，并举办各地贵州同乡会联谊会。因而各地乡人一反往例，加强了乡人团结互助精神。此外，并在全国各同乡会联谊会中被推为常务召集人；有关大陆时期十二个省在农民银行股金事，也被推为召集人之一；其他对乡人之特别服务，解决问题更多。

任期三年间，不断到东、中、南部访问或参与乡人活动。

因劳累过巨，一九八七年初眼力突衰退，经手术后仍无法恢复，处理公文，深感不便。好在任期将届，乃多方洽遴继任人选。

一九八八年初改选时，大家仍一致坚持要我继续连任，后由孙如陵乡友提议增设副理事长襄助，仍由我负责，并随即推请孙如陵为副理事长，提名热心服务之张家豪为总干事。各乡友纷纷捐助之奖学金年年增加，并汇编《旅台同乡通讯录》两次分寄各乡友。

历年劳累，深感心力不济，所以一九八九年七月八日乃以到国外定居理由，坚持改选，由副理事长孙如陵接任；并列册将结余经费三十余万、会馆、财务、文件一一点交，以作日后示范。全体理监事及各县市同乡会负责人特公宴、摄影，并赠“敬恭桑梓、德沛黔灵”大银牌酬谢。

在同乡会多年，有几件事值得怀念：

第一件事是一个争取“自由”的故事，也是一个很好的电影小说题材。三年前，总干事张家豪突然打电话给我，说有一位贵州同乡女孩刚由大陆逃来台湾，没有身份证，也没有钱，总干事先拿了两千元给她，暂时安顿她住在女青年会，希望我能帮助她。

这个女孩的名字叫潘列华，父母都是江苏人，但其表姊夫为贵州人，住花莲，写信给我，请我协助。

我约她到我办公室，她虽已是二十八岁，但看起来像十多岁的女孩。她述说身世，父母都是上海圣约翰大学、暨南大学的教授，“文化大革命”时被下放到贵州平坝。她自幼在贵州，由幼稚园到师范大学毕业，在贵州息烽劳工大学担任讲师。因为父母曾遭清算斗争，所以她被划入黑五类，虽然考取加拿大教育学系奖学金，但每次申请出国都未被批准，中共当局敷衍她说：“现在国家外汇困难，你们怎么还想出国？”

适逢三位日本国会议员到贵州息烽考察林业，潘列华被学校派任导游，于是同几位日本人熟识。她向日本人说明原委，请日本人帮忙，这几位日本人就通函贵州省政府，自愿负责潘列华到加拿大的旅费，因此省政府批准她到日本去。

到日本后，潘列华轮流住在三位日本人家里，并到东京加拿大使馆办理留学手续。但使馆告知此项奖学金已经过期，必须重新申请。潘列华于是重办申请手续，不料久久没有下文。

她在日本待了半年多，日本警方来通知她停留时间逾期，须遣返。既然是千辛万苦才到了“自由地区”，她不肯再回去。她有舅父在台湾，是空军退役人员，住在冈山。这个时候她既然不能再住日本，就想到台湾投靠舅父。于是日本人陪她到东京我亚东关系协会申请来台，但因与规定不符，难以获准。无奈之下，只好接受别人建议，拿了护照，冒充日本女孩来到台湾。

到台湾后，她立刻去冈山找舅父，说明情形。因为是持用假护照，于是她舅父带她到警察局自首，经移送高雄县法院，多次开庭审理，前后四五个月之久。她的舅父每次都陪同她出庭，因为奔波劳累，舅父生了病，引起舅母不高兴。潘列华也不好再住下去，于是跑到高雄找地方打工吃饭，因为没有身份证，最后找到一个日侨开设的日语补习班工作，但却被人当成廉价劳工，一个月只给她一点吃饭钱，晚上就睡在补习班桌子上。

最后法院判决，潘列华因为伪造文书、私自入境，惟念其未违反公共安全，判刑三年，缓刑二年。她拿了判决书，到警察局申请户口，却因为无前例可循，警察局向上请示，拖了几个月，弄得走投无路，才由她的表姊夫来函请我设法。

为了安全问题，我详细询问她家庭背景，查阅各项证件及日人姓名地址、法院判决书等，认为她向往“自由”，大陆救总应予帮助解决。哪知救总告诉我，其舅父已偕其申请过，因系假冒入境，为安全问题，不便办理，并说如我能帮她取得身份证，有关生活、工作问题可以帮助解决。

我于是找警务署及出入境局友人，详为解说，请彼等设法解决。经会商后，始填具保证书，由出入境局补发入境许可证；再据以向管区警局申请补发身份证；前后经过了半年多。在此期间，又设法资助其食宿及零用金，皆由我与总干事私人帮忙。有了身份证，再洽救总安排在职训单位学习打字、企管，数月结业；我又介绍至友人处工作，服务一年多。

潘女省吃俭用，积蓄了十来万元，一面向加拿大申请奖学金，有志竟成，于一九八八年冬达成志愿，赴加留学。现潘女已在加取得硕士学位，正续修博士中。

其次是贵州思南籍姊弟四人，父死母出走，孤苦无依，经慈善机构介绍来找同乡会，我特亲往探望了解：思南卜姓乡人上尉退伍，娶台籍女子为妻，生三女一男。因经济困难，其妻离家出走，卜某带子女往约旦开饭馆，生意失败，又返回台湾，于七八年前去世，留下三女一子，大女卜玉萍（一九八七年时十七岁），二女、三女、幼弟各相隔一岁。姊弟四人虽遭不幸，幸得慈善机构帮助，除市府配一贫民住宅外，亦获邻居及善心人士帮助，某庙寺每月给予数千元。大女卜玉萍在某公司当小妹，月可得六千余元，四姊弟乃能继续求学，分别就读职校、国中。

经本人亲访，得知四姊弟均刻苦向学，学习一技之长，裨将来得以自立。他们当中一人获学校给予就学贷款，幼弟得国中老师热心照顾，但每年仍需学杂费五万余元，十分艰苦。

我了解实情后，即向热心乡长劝捐，每年捐助一万元，以解决问题。长女现就读育达商职夜间部，一九九〇年毕业；二女一九八九年夏毕业于某美容班；三女及幼弟亦已考入某职校。

第三桩事是最近才发现的。前一阵子，我听说有一个贵州人的太太开计程车，开放探亲后，这位太太带着儿女返乡探亲。

这位女士的名字是谢树前，身体健康，是国际机场的优良驾驶。她年近五十，是台湾彰化人。她的先生为贵州天柱人，尉官退役，两人育有二女一子。七八年前谢树前的先生过世，她带着三个儿女，最初在杨梅镇一爆竹工厂工作，因为收入微薄，生活困难，有人建议她去卖鲜鱼，她因此改行，几个月后存下数万元。于是买了一辆汽车，从此当计程车司机。她没受过教育，但是上过彰化乡间的民众补习班，所以识得几个字。而考驾照时，也只考技术及口试，不必笔试。开车的收入很好，三个儿女都读到大学毕业，尤其儿子还是清华大学毕业的，很不容易。

我特地到机场去看她，得知她的大女儿已嫁，生活重担渐渐可以放下。我们见面时，我问她为什么要继续开车，她说是还要照顾子女，真是一个坚强的女人。

谢树前虽是本省人，但在先生过世后，却能回到贵州探亲。我问她："你以前去过贵州？""没有。""那你怎么晓得亲属的名字及住址？”她答：“我先生过世前告诉过我公婆的名字以及家乡的住址，我记得很清楚。”

问她为什么去探亲，她回答说：“当然要去，我先生虽然不在了，总还是要把儿女带去给公公婆婆和家乡人看看。”

问她怎么去，她说：“我带大儿子去。我积蓄了三十万旅费，买了两个金手镯，还有几个金戒指。我们坐飞机到香港，换机到广州，再由广州搭火车到湖南，然后乘汽车到天柱。一到天柱，统战部人员热情招待我，他们也称赞我能以一个台湾省人来到贵州探亲。不过，他们告诉我说，我先生家在山上乡间，路途遥远，爬山要费几个钟头，他们要安顿我在招待所，只带我儿子去。我说我老远赶来，一定要见公婆，苦也要上山去。上山后，发现公婆早就过世，不过也见到先生的姊姊及弟弟，就把手镯送给他们。另外，我看他们生活太苦，房舍尤其破烂，台湾的穷人都不会那样过日子。我问统战部人员盖一所招待所一般的房子要多少钱，他们说地皮要二千多人民币，房子要三千多，一共五千多人民币。临走时，我把身上二千多元交给小叔叔，吩咐他们准备盖房子。我回来半年后，又汇了三千多元去。”

谢树前的事迹，我希望能推荐给有关单位，接受好人好事或模范母亲等表扬。同乡们也都说，她的行为不仅仅是贵州人难得的典范，恐怕全世界都很少有这种德行的人。

（4）其他

我有三女一子。大女儿是台北护理专科学校毕业，现任职东吴大学医护室。大女婿服役空军，已在越南殉职。长子是艺专及调查局调查班毕业，目前在“内政部”营建署工作，媳妇是东吴大学会计室主任。二女在美国洛城二十世纪福斯公司负责电脑，未婚。幼女在台北美商联众公司工作，非常能干，曾接受《中央日报》访问，被列为台湾女强人之一。

我一生无愧于国家。无论是南京保卫战也好，云南事变也好，未尝以家人为念，不做私人打算。若非韩方伯之助，我的妻室儿女恐怕都无法来到台湾，至今我仍念念不忘韩方伯的大恩。

我一生以诚为本，乐于助人，也得人助。以这本访问纪录送来给我校正为例，因我目力不好，无法阅读，承乡友戴宏如亲来念给我听，陆大同学杨文清弟一连数日照口述一一校正，更承昔日袍泽刘凤翰兄诸多惠助，心中无限铭感。

十一、答问

（1）民初贵州经济

问：能否多谈点民初贵州的经济情形？

答：贵州原本十分落后，二十四年时修了京滇公路，贯穿全省直达昆明，对贵州之开发帮助极大。有人说贵州是“天无三日晴，地无三里平，人无三分银”，以前贵州的确如此，山地多，人民又贫穷。

贵州出口品以鸦片烟为主，其次为药材、木材、桐油。药材产于中部、北部、西部，木材则由黔东生产。进口品种类较为繁多，最重要的是川盐，此外则有广东、上海、汉口输入的纱布及日用品。

贵州进出口贸易大多掌握在鸦片商人手里。因为云南烟质较贵州为佳，所以云南输黔之烟土也不少。黔省烟土外销多走三道路线：北路到重庆，再循水路经汉口至上海；东路到达湖南洪江，再经汉口到上海；南路则由广西到广东去香港。

除烟帮外，盐商亦甚为重要。盐向由政府专卖，指定盐帮承销。在贵州做生意甚为辛苦，因为没有公路，没有较进步的交通工具，只好仰赖人挑或马驮，运输方式十分落后。也因此盐在贵州为珍贵物品，普通穷人将盐块拴在线上高高挂着，做菜时放在锅中沾一下，马上又吊起来，可以说盐就等于金子般贵重。

贵州地势崎岖，治安不靖，军人割据。因为遍地盗贼，每有运输需要，必须请军队保帮，由他们抽收保护费。此外，烟有烟捐，由地方驻军收取，这是封建割据时代的作法。

（2）对早期贵州军人的印象

问：你对早期贵州军人的印象如何？

答：我幼年即离开贵州，对于早期贵州军人并不十分了解。不过印象较深的是：贵州军人与云南关系密切，经常并称滇黔军。云南为西南军事重镇，唐继尧曾办过兵工厂、讲武堂、航空学校，完全比照日本军事教育，聘请日籍教官任教。此外，云南又可由滇越铁路进口法国、意大利等欧洲武器，所以武力较强。贵州则只有地方团练，如由兴义县出身的刘显世（如舟），即在地方办过民团。辛亥革命时，唐继尧派兵支援刘显世起事，打到贵阳，而由刘显世主持贵州省政。

刘显世的外甥王文华（电轮）是文武奇才，师范毕业，头脑新鲜，刘看重他，赋予军事重责。王文华延揽了一批自日本士官学校回国的留学生，如何应钦、谷正伦等，以及外省籍朱绍良等，训练了一支新军。原有的部队遂成旧军，以袁祖铭、彭汉章、王天培为首。新旧分为两派，造成贵州军队的分裂。后来新军何应钦等人分别离开贵州，军权重新落入旧军人手中。

旧军后起者有周西成氏，他统一贵州后，两三年之间，颇有建树。贵州人感念不忘的是，他整顿了地方治安，肃清了盗匪，达到路不拾遗、夜不闭户、商旅自由往来的地步。他的方法是严刑峻法，到处清剿抢劫的土匪，也因此成为民初割据贵州之军阀中，唯一对地方有建树者。

（3）蒋、何、谷三人关系与谷、何二家之崛起

问：前面谈了一点蒋、何的关系，但不够详细，最好能再做补充，并扩充为蒋、何、谷三人的关系。此外，能否多谈谷家及何家背景，他们是如何发迹？如何成为蒋介石的忠实干部？

答：先谈蒋、何关系。

黄埔创校时何先生为总教官，是总理亲自任命的。其他人事方面：蒋先生为校长，教育长是蒋的前辈王柏龄，政治主任是邓演达，党代表是廖仲恺。邓演达为人精明干练，深具群众魅力，最后在南京被枪毙。黄埔一期同学们经常称道廖仲恺、何应钦、邓演达及另一位教官严重，十分敬重。

何先生与老先生关系深切，在黄埔军校仿佛已是蒋先生的左右手。誓师北伐时，蒋先生负责湖南到南昌一线，东路军则由何先生指挥，打到福建、浙江、南京，帮助蒋先生的地方极多。北伐以前的东征中，何先生为教导团第一团团长（陈辞修是炮兵连长），攻打潮、梅立下战功。

但是北伐到南京后，某次蒋先生到何先生府上，谈及将与宋美龄结婚之事，时何夫人王文湘（王文华妹）在座，这位女士性格明朗，为有名的大炮，当即插嘴讲话，说蒋先生既为国家领袖，实不宜讨姨太太，态度非常不好。蒋先生没说什么就走了，事后仍然与宋美龄结了婚。

第二件事是龙潭之役时发电报的事，前面我已谈过了。

第三件事是江西“剿共”时，陈诚缴了川军四十九师张英的械。一个军长随意将友军部队缴械，这已严重违反军规，但老先生却只是将陈诚革职留任，待罪图功，何先生曾向张英保证无事，多有不便。

第四件事对西安事变的处理，蒋夫人也对何不满。另外民国三十八年蒋先生下野，李宗仁继任总统，婉请何先生出任行政院长，何先生写信请示老先生，虽经函复同意，但真意如何无法知晓。像张岳军（群）、张其昀、谷正纲等系与蒋同进退，可见一斑。

次论谷、何关系。

谷正伦与何应钦为贵州陆军小学、武昌陆军中学同学，并同被保送入日本士官学校，回国后，均在王文华部任旅长。北伐军占领南京后，何先生任军政部长。谷正伦任警备司令、宪兵司令，依体制而言，隶属军政部，可是何先生却从不过问，一切均直接由委员长指挥，两家甚少往来。民国二十五年，谷先生命我赴沪买马赠送何先生，何先生深感愉快。

再来谈蒋、谷关系。

谷先生与贺耀组为士官同期同学，北伐时原在上海，因贺的邀约而参加北伐，初任旅长，渐升为副师长、师长。攻克九江、南京有功，谷当了警备司令。蒋先生欣赏谷在练兵、作战方面的长才，因而着其成立宪兵司令部，故谷有“中国宪兵之父”的雅称。宪兵为军事警察兼司法警察，且护卫领袖，故成立之后，对于首都治安、军风纪的维护，居功厥伟，而一般人也称之为领袖的铁卫队。民国十九、二十年，共产党有一句公开的标语说“谷正伦是蒋介石的走狗”，证明谷先生对蒋先生非常忠实。

宪兵司令之后，谷调为甘肃省主席、粮食部长，最后回到贵州当省主席。

自民国十七年北伐军进占南京起，直到二十六年南京保卫战，十多年间，蒋先生一直未升谷为上将，甚至谷当了贵州绥靖公署的主任，编阶上将，但仍未晋升，迄谷逝世后，才追封为上将。

民国三十八年，贵州将成立十九兵团，蒋当时已下野，却以总裁名义指挥，派何绍周为兵团司令，兼四十九军军长。

八十九军军长人选，电谷正伦推荐三人候夺。谷选定了学经历资格符合者王文彦、刘汉珍、韩文焕三人。结果蒋先生竟然派了刘伯龙来，非常意外，当然也影响体制。谷先生心里并无不快，仍然对蒋忠诚无二。不过刘伯龙知道谷先生未曾推荐他，内心有了芥蒂。后来才知道刘是侍从室主任引荐。谷先生临死前，对此犹耿耿于怀。他遗嘱上有两点告诉其弟正纲：第一点是死后碑上绝对不用任何官衔，只要写“中国国民党党员谷正伦之墓”即可；第二点是将他的独子自美接回，使母子团圆。正纲都办了。可以证明谷先生十分忠党爱国，纯粹军人本色。这是一九五三年的事，谷先生享年六十余，他是忧郁以终。生前我曾问过，来台后见过老先生没有，他叹气说：“人家怀疑我与桂系勾结。”

陈世贤为军校三期，黔省湄潭人，也是我们宪兵老友，最早加入帮会，以后又曾先后加入中统及军统。杨森（子惠）当贵州省主席时，他是桐仁区行政专员，至谷先生当贵州主席时，他还是专员。

民国三十七年，我到贵州保安司令部任参谋长，上任未久，某日谷先生拿了几封信给我看，原来是陈世贤专员区许多县长来信，控告陈索取粮、烟等不法事，谷先生很生气，说要严办。我劝他多考虑一下，陈系宪兵旧部，且谷先生回贵州的口号为：

“起用家乡青年回乡服务”，尤以陈是杨子惠派任的，若办了陈世贤，易引起人误会，我建议调他的职即可。陈过去当过警察局长，又是保密局的人，恰巧当时警保处处长东方白病重，所以我建议把陈世贤调警保处长，谷先生同意。

到刘伯龙抗命，情况紧急时，我们召开会议，谷先生问陈世贤为何不来，我答：“并未通知他。”谷说陈兼保密局贵州站长，应参加，一同商量撤退后之敌后布置事宜。因此立即电话通知，据其副站长告知陈全家已前往昆明，谷先生十分震怒，即嘱新闻处长电保密局局长毛人凤严办。

事后到香港我们才知道，陈世贤在昆明获知保密局来电查办质问他为何先逃，陈世贤捏报说，因谷（正伦）、韩（文焕）同桂系勾结，要杀他，所以他不得不先跑。后来陈世贤逃到香港，转来台湾，补上“国大代表”，保密局不但没追究他，还派他当台中站站长。

以下再谈谷、何两家背景，以及他们如何起家。

谷家为地方上中产之家，老太爷是位正派绅士。谷氏三杰——正伦、正纲、正鼎，正伦留学日本士官，正纲、正鼎则因大哥的栽培而到德国念书，然后再入俄国中山大学。两人于民国十九年回国，先参加汪精卫的改组派，最初兄弟感情不佳，但后来慢慢恢复。正纲曾当选中常委，做过社会部部长；正鼎也当过中常委，曾任陕西行营政治部主任。谷大爷另有一位弟弟（正楷），在家照顾父母，并未外出做事。因三人均当中央委员，故有谷氏三杰之称。

至于何先生（应钦）家。他四弟何辑五（何四爷）进过贵州讲武堂，曾在谷正伦下当了连长，曾任国父卫队队长，东征北伐时当了潮梅警备司令。以后派到贵州，当建设厅长，在吴鼎昌时代又担任贵州企业公司董事长、卫生委员会主任委员与贵阳市长。

何五爷（何纵炎）受何应钦之荫庇最多，没吃过苦头。他留美返国后，正巧北伐成功，于是当了邮政储金汇业局局长、邮政总局长，做了几十年局长。因为仕途顺利，所以最有钱，是台湾远东企业大股东，数年前过世。

（4）散兵游勇的问题

问：请谈一谈散兵游勇的问题。

答：所谓散兵游勇，是指战时由前线溃散的士兵或逃兵，他们或是携械，或是成群结队，到处骚扰民间，危害社会治安。

抗战末期，散兵游勇数目最多，到处骚扰地方，凌辱百姓，成为各地治安的大问题。

其实北伐时期情况还不十分严重，百姓对于国民革命军可以说是“箪食壶浆以迎王师”的。但是黄埔的正规军毕竟有限，民国十七、八年时，战局扩大，吴佩孚、孙传芳等军阀部队经策反而纳入革命阵营，他们的训练不足，除了冯玉祥在西北的国民军颇有令誉外，其他部队军风纪多半不佳，有各种违法乱纪的问题。

日军入侵独山，我们成立了黔东南战地收容司令部，以收容黔南事变时的散兵游勇。但大体而言，大陆时期我们都没做到收养安抚的工作。过去的军人，并无退休制度，从军就是一种牺牲奉献，谈不到什么权利。当然，要制度化也非易事。抗战之前，蒋先生希望建立一可行的制度，但环境及时间实在不许可，内忧外患，战争不断，由前线溃散下来的士兵无人照顾，自然四处流窜，成为社会问题。

（5）军事教育

问：能不能综论你对中国及其他国家军事教育的看法？

答：兹概略说明我的看法。光绪年间中国成立了新军，延聘日籍教官，仿习日式军事教育，设立了三大军事养成教育中心：保定军校、东北讲武堂及云南讲武堂。民国十三年，又创办了黄埔军校，仍用日式教育。

到民国二十四年派遣赴德、意学习军事的桂永清、徐培根等回国后，在南京成立了教导总队，完全聘用德国教官，步兵操典也改成德式。虽然如此，全国军队复杂，大多都沿用日式教练及装备。德式教育也没有维持长久，至二十六年南京保卫战后，日式军事教育又恢复了。

其间亦曾零星、短期地聘过俄国教官。迄二次大战发生，英、美参战后，成立了中国战区，美国希望统一盟军军事制度，要求我们派部队到印度受训，并成立远征军，我们就在这个情况下接受了美式教育，并改换美式装备。据说当时史迪威曾在重庆建议逐步改换中国所有军事装备为美式，但并未一一施行。

史迪威希望将美式装备也交给八路军，为此与蒋先生不和，形成一时的危机。三十三年冬，黔南事变发生不久，政府决定将九十四军改换美式装备，反攻桂林。其他改装的，有在印度的新一军及新六军共二个军。

日本的军事教育有其传统及规模：士官教育、军官教育、尉官教育（招考优秀士官训练后任用至上尉为止）、专科教育以及高级指挥官教育，依次循序渐进。士官教育方面，就志愿留营的士兵在部队中受特殊教育，再送到士官教导队，教导军士应有的技能，包括下士、中士、上士乃至排长所需的战技。他们有所谓万年中士，为军中之骨干，服务很久，甚少晋升，薪水却依年资增加，有时高过少尉，所以“万年中士”可以安于其位。日本士官学校毕业生可升到少将，陆军大学毕业生可升到中将、上将。由此看来，日本的军事教育井然有序，依各阶级适当施予所需的训练，使各领导者皆具备应有的能力，并能令部下心悦诚服。

日本的军队伦理十分严格：同校毕业生中，期别低者绝对不可担任期别高者的长官，即使退伍后进入社会担任工作，也保持此一传统。不希望中国统一，所以对中国留学生蓄意灌输个人英雄思想，制造新军阀。

日本军事教育另一特点为“不成功便成仁”的武士道精

神，绝无投降观念，战到最后，不是拼死就是切腹，正符合他们的民族信仰——天皇及大和魂（武士道精神）。不仅军事如此，经济、科技发展也都和此二信仰有关。我在日本盛冈入伍时，联队长召见，他就问我会不会抽烟、吃酒，甚至问我有没有去艺妓馆玩过，我脸都红了，回答没有，联队长便说："不行不行，放假日要班长带你们去玩玩，要吃酒，要抽烟，尽量去玩。你们晓得，当军人是随时要牺牲的，演习、作战时要拼命，假时要痛快去玩。"

政府迁台后，也以训练"不成功便成仁"的精神，聘请日籍教官，以白鸿亮为首，设置圆山军官训练团，由彭孟缉负责。

中日军事教育相较，日本制度还有另一优点：前文叙述陆军士官学校中，曾略为提及，即高中毕业生考上陆军士官学校后，必须先到联队入伍，从上等兵开始，经下士及中士，接受八个月的严格训练，使其具备与野战士兵共甘苦的经验，并建立其与部队的团队精神。我国的军事教育则系考取军校后，直接入校受训，毕业后分发部队任职，既未与野战部队士兵作共甘苦之磨炼，亦与部队毫无渊源。

（6）贵州的鸦片

问：你曾提及鸦片是长久时期积存下来的，究竟抗战时期，贵州那些偏僻地区仍继续种植鸦片？

答：偏远地区可能种有烟土，不过不敢公开，实际情形我并不清楚。

（7）贵州的金砖

问：你也曾提到贵州有金砖，黔省那么穷，哪来的金砖？

答：我所说的金砖，是贵阳中央银行库存的金砖，当时谷先生决定送交西南军政长官部，由张涛（八十九军之师长）派兵押运，装于七辆卡车，送交重庆西南军政长官部。

（8）谷正伦与贵州撤退

问：谷正伦于民国三十七、八年在贵州当了两年主席，似乎没什么作为？

答：谷到任时，大局逆转，虽有抱负难以施展，全力应付军事部署，准备成立第十九兵团，但在兵员尚未补充完成，共军就打来了。大致而言，徐蚌会战之后，大局已经改变，老先生原计划以昆明为基地，故将胡宗南由陕西撤至四川，华中长官部撤至黔桂，并调陈诚来台。不料卢汉已准备叛变，若某巨公未阻挠解决卢汉，西南局势将可改观。

问：中共有没有跟谷联络过？

答：没有。共军入贵阳后，曾利用投机分子陈又新（云南人，是何敬公旧属，与军校同学很熟）曾广播要我们起义，如此而已。中共同谷大爷有不共戴天之仇。

（9）对中国国民党的看法

问：请谈谈你对中国国民党的看法。

答：对国民党的看法，近年来舆论多有评述，我未从事党工工作，很多地方欠缺了解，不便多说。数十年来我只有一点感想，即国父所说“天下为公”，如果党国要人诸公，均能本乎此说，取消特权，杜绝贪污腐化、假公济私，认真推行民主法治，使好人出头，人尽其才，则国家幸甚。反之，如果仍是口号重于实际，则国民党之前途，不言而喻。

问：从前的军队是党军，是否所有军官都入了党？

答：北伐时期，所有军官都是党员。北伐后，部队大量扩充，军官就不一定都是党员。

问：大陆时期军中有没有政工系统呢？

答：有，但组织及工作都较现行简单，来台后政工组织及工作都有很多改变。

附录一　宪兵与首都保卫战

一、前言

兹值对日抗战五十周年，回忆民国二十六年十二月首都——南京保卫战，我军民牺牲之惨烈，虽事隔半世纪尤深印脑中，实值吾人痛切省思。

二、抗战初期宪兵之概况

北伐奠都南京后，大约民国二十一年，谷正伦先生奉命正式成立宪兵司令部，积极筹划策订中国宪兵各种规章制度，创立现代之革命宪兵。至民国二十六年抗战发生时，我宪兵之建制及各级主管姓名如下：

宪兵司令部　司令　谷正伦　副司令　陈楚雄

参谋长　萧山令

政治部主任　张炎元

总务处　徐志道（“国代”，在台去逝）

警务处　丁昌

军械处　徐某

军需处　朱迈昌

军法处（已忘）

军医处　蔡静浦

宪兵特务营　张法乾

宪一团　张镇　　二团　罗友胜

三团　袁家佩　　四团　吴天鹤

五团　文重孚　　六团　夏之时

七团（已忘）　　八团　方涤遐

九团　谭煜麟　　十团　陈烈林

教导团　李楚藩　　补充团　刘炜（因时日太久，以上姓名或有一二错误）

宪兵训练所（即宪兵学校前身）司令兼所长

设有甲级学员队（军校毕业转科教育）、乙
级学员队（宪兵士官深造教育）、军士队

依据国民政府颁布宪兵令，宪兵主掌军事警察，兼掌司法警察。民二十六年，除宪二团、教导团、补充团驻防南京外，其余各团分驻全国各重要城市，维护军风纪及地方治安，或担任特种勤务，以统帅护卫、车站码头、机场警卫等；宪兵特务营辖宪兵三队，担任首都各地区宪兵队勤务，另辖骑兵队、三轮装甲机车队，追击炮队任机动勤务。

三、唐生智就任首都防卫司令长官

民国二十六年，日阀发动七七事变后，为求速战速决，迫我订城下之盟，于八月十三日发动淞沪战役，威胁我首都南京，八月十四日日机即首次大举轰炸南京。当淞沪战局逆转后，笔者在军校高教班四期同学陈用潜（唐生智亲信，后任防卫部补给区司令及参谋长）告诉笔者，先“总统”蒋公召集高级将领，商讨首都南京是否防卫问题。以我方长期抗战原则及各种情势，实不应再损耗战力，但唐慷慨陈词，坚主防卫，并愿担此重任，并誓言决与首都共存亡。政府即发表唐为首都防卫司令长官，并由其遴选部队，唐乃指定三六师宋希濂、八八师孙元良、教导总队桂永清、宪二团罗友胜、宪教团李楚藩、宪特务营张法乾为战斗序列。此时国民政府暨各院部均陆续撤往汉口迁都重庆，宪兵司令谷正伦病重奉命转汉口疗养，由参谋长萧山令代理司令。

十一月，各部队进入国防工事，防空设备全部撤离。在无警报状况下，敌机时时来袭，笔者所率之宪特务营除各区宪兵队任负责城区治安外，营部、骑兵队及机车队由中华门外移往国府，迫炮队配属宪二团。

十二月初，代司令萧山令传见笔者，告以骑兵队及机车队已无法活动，下令由笔者率领，速由下关设法渡江到长沙司令部归建，留置部队由副营长陈雨森指挥。当笔者率部由挹江门到下关时，城门已堆置沙包，除马匹外，装甲机车无法通过。到下关后，江面已无船只，幸找到铁路局留守主任陈树曦（曾任交通部次长），始告知在三叉河芦苇内藏铁驳船两艘。乃设法将马匹全部渡江，经安徽、河南、湖北转长沙归建。

四、代理国民政府暨各院部留守主任

十一月下旬，南京市市长马超俊、秘书长王漱芳突到国府来访我，告以即将赴汉口，国民政府暨各院部留守事宜嘱由笔者负责。当即表示责任太重，如情况紧急时，如何处理。马市长当以国府主席用信笺亲书“国民政府暨各院部留守主任着由宪兵特务营张营长法乾全权处理”一纸。惜乎此一历史文件，于奉命赴昆明找杨石生引见卢汉后，由昆明飞香港，向谷先生报告，离昆时遗留在昆明谊安大厦旅馆。

附录二　赵健民（共军入黔时之政委）著《普安会议》中有关刘伯龙与中共联络经过

解放军进入贵阳市后，国民党八十九军军长刘伯龙就通过维持会向共军五兵团十七军接洽投诚，并要求照陈明仁方式予以改编。

五兵团迅即将刘伯龙接洽投诚一事电报三野刘、邓首长。刘、邓随即复电：一、同意刘伯龙所提两个条件：立即集中，停止抵抗，停止危害人民的一切行为，听候开到指定地点改编。二、可以允许刘伯龙部队不编散的要求。三、应向刘伯龙代表探听杨虎城消息，如能设法营救，是一大功。四、刘伯龙事成后，还可经过他的影响，策动何绍周及各保安旅团投诚，这对迅速安定贵州局面极有好处。

刘伯龙、余程万和范子明都是黄埔同期同学，余程万的工作确定由范子明去做，再直接做刘伯龙的工作有困难，因此，四兵团联络部特选派与刘伯龙既是黄埔同学，又是贵州同乡，本人也愿意担此任务的牟龙光。牟龙光原系国民党三十九军一〇三师参谋长，该部于一九四九年十月十六日在广东三水接受和平改编。牟龙光与刘伯龙熟识，并与其弟刘逸群私交较深。范子明，字洪量，大革命时期加入中国共产党，在黄埔军校期间与刘伯龙关系甚密，几乎无话不说。蒋介石清党时，范声明退出共产党，后即投向国民党，但未获信任，长期在蒋介石陆军总部任参谋、高参，一九四八年被派赴国民党邱清泉兵团任政工主任，淮海战役中被解放军俘虏，后写信给周恩来副主席，要求给其立功赎罪的机会。吕永祯系国民党军校级军官，是范子明的同乡和部下。经过审查批准，范子明和吕永祯被派到四兵团，在联络部领导下从事对国民党军队策反的具体工作。在此之前，他们参加了对国民党三十九军一〇三师和九十一师的策反工作并获得成功。

派出前，陈赓司令员亲自同范子明、牟龙光、吕永祯谈了话，陈赓司令员说，现在的形势比渡江前更好，要大胆联络，多挽救一些国民党军识时务的将领，对他们好，对我们更好。你们做余程万、刘伯龙的工作，必要时可以说是我陈赓派你们来的，是陈赓的代表。

刘伯龙当上八十九军军长不久，解放军就胜利渡过长江，南京即告解放。蒋家王朝行将覆灭的形势，刘伯龙不能不有所认识，对于自己的前途、出路，他也不得不有所考虑。而且，就在那时和那以后，国民党军队起义、投诚和官兵投降、被俘，连续不断，蒋介石防不胜防，就连军风纪视察团长刘伯龙“视察”过的张轸十九兵团所部，也于五月十五日在武昌金口起义，这对刘伯龙不能不是有力的一击。到了九月间，当该军参谋长吴行中与其谈到程潜、陈明仁已经起义时，刘伯龙便说“兵团司令起义还有点搞场……”在这之后，其妻陈芳也曾对他说，你们打不赢不如投降，刘亦说一个军长有什么本钱，当个兵团司令还差不多。由此可见，刘伯龙色厉内荏，在国民党大势已去，解放军已经占领贵阳的情况下，为了保官保命并求发展，在公开坚持反共的同时，不得不采取向解放军接洽投诚这暗的一手，为自己寻求出路。

四兵团在确定刘伯龙作为策反对象时，陈赓司令员说了两条：一、刘伯龙是蒋介石的亲信，是个吃喝嫖赌之徒，工作有难度；二、刘近年来对蒋介石有离心情绪，我军渡江后，国民党即将垮台，在此形势下刘伯龙也要找出路，曾通过关系向我军表示在条件成熟时愿意投靠人民，这是做成工作的条件。

在四兵团联络部向范子明、牟龙光、吕永祯具体交待任务时，范子明表示，做刘伯龙的工作有把握，可以说马到成功。范子明还告诉牟龙光，刘伯龙去贵州任八十九军军长之前曾对他说过：如你认为贵州还有所作为，到时你来，我尽量协助你。

十一月十七日，范、吕、牟三人化装成商人，由广州到香港，因“两航”（中国航空公司、中央航空公司）起义，飞往昆明、重庆等地的航班已停，他们不得不在香港逗留，想方设法，终于十一月二十七日乘国泰航空公司客机飞往昆明。不料国民党第八军军长李弥的小老婆龙惠娱与他们同机，抵昆后出机场时与前往接妻的李弥相遇。由于牟龙光曾在李弥所部任过副官处长，被李认出，次日即被拘捕，以致失去了开展工作的时机。

就在二野刘、邓首长给五兵团和十七军复电之时，正是刘伯龙被谷正伦枪杀于晴隆之日，因此，刘伯龙接洽投诚改编之事亦即中断。

后 记

张法乾先生，贵州安顺人，是台北贵州同乡会的会长。因为云贵研究的需要，我有幸不时向张先生请教。几次谈话之后，发觉张先生的经历及见闻有详为记录存真的必要，因此征得张先生的同意，并借本所口述史之便，进一步展开正式访问。计先后谈话十次，得约六万余字。读者阅读之后，必定感到张先生言简意赅，其留学日本的经验十分珍贵，抗战初期唐生智主张坚守南京的不切实际，一九四九年大陆撤守前云贵政局的混乱令人叹息……张先生所述，堪称为中国现代史的一位见证者。又张先生谈何应钦、谷正伦与蒋中正的关系，观察入微，更是引人入胜。

本书出版过程中，曾蒙刘凤翰、吕芳上二先生审稿，刘先生与张法乾先生有袍泽之谊，对军中资料尤多补充。许雪姬、沈怀玉、潘光哲三先生分别校读一通，最后由潘光哲先生编定索引，在此一并表示感谢。

张朋园　谨启

一九九二年元月